Klaus Heine

Sonst geht es mir noch gut

Hinweis!

Alle Namen in diesem Buch wurden sowohl aus daten-
schutzrechtlichen, als auch aus Pietätsgründen geändert,
da sie keinerlei Relevanz besitzen und den Inhalt dieses
Buches nicht maßgeblich beeinflussen! Dieses Buch ist
somit nicht zur Ahnenforschung geeignet, berechtigte
Anfragen beantwortet der Herausgeber aber sehr gerne!

Namensähnlichkeiten oder -übereinstimmungen sind
daher rein zufällig. Dieses Buch soll der zeitgeschichtli-
chen Aufklärung dienen, nicht aber das Ansehen noch
lebender oder bereits verstorbener Personen schädigen!
Die folgenden Texte wurden aber soweit wie möglich
im Original belassen, ebenso die Feldpostnummern und
Adressen, um die Authentizität im Ganzen zu wahren!

Zweite Ausgabe, alle Rechte vorbehalten!
Coverfoto aus dem Nachlass von Peter Heikens
Gestaltung und Transkription: Stefan Heikens
Herstellung und Verlag: BoD - Books on Demand, Norderstedt
© 2019
ISBN: 9783752851304

Für Opa.
Danke für alles.
Und so vieles mehr.

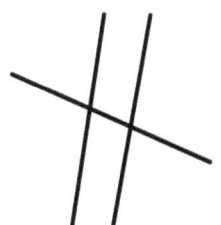

Inhaltsangabe

Vorwort des Herausgebers

Klaus Heine war ein Niemand. Er brachte es niemals zu größeren militärischen Ehren, bewegte sich nicht in besonders interessanten Kreisen und hatte auch sonst nichts Bemerkenswertes an sich. Und gerade das war es, was mich so unglaublich an ihm faszinierte, als ich das erste Mal seine Briefe las. Denn Klaus Heine, das hätte auch ich sein können.

Ich sah seine Briefe auf einem Flohmarkt in einer kleinen Zigarrenkiste liegen, zusammengebunden mit einem Stück alter Schnur und achtlos immer wieder hin und her geschoben. Die letzten Worte eines jungen Mannes an seine Familie lagen hier unter freiem Himmel und drohten, beim nächsten Regenschauer endgültig vernichtet zu werden. Ich nahm das kleine Paket in die Hand, fragte den Verkäufer, was er dafür haben wollte, und bezahlte sofort den von ihm genannten Preis. Ich weiß nicht wieso, aber in diesem Augenblick hätte ich wohl jeden Preis gezahlt, denn Klaus und ich hatten von Anfang an eine Verbindung, die ich mir bis heute nicht erklären kann. Ich trug das Päckchen nach Hause, löste die Schnur und sah, dass sich irgendjemand, vermutlich seine Familie selbst, sehr viel Mühe dabei gegeben hatte, die Briefe zu ordnen. Doch wie lange hatte sie wohl schon niemand mehr gelesen?

Der Geruch des alten Papiers, die teilweise zittrigen, meistens aber sehr deutlich geschriebenen Worte, bildeten vor meinen Augen eine Geschichte, wie ich sie mir niemals hätte ausdenken können. Denn egal wie viel Fantasie ich auch benutzt hätte, nichts konnte besser formuliert sein als die absolute Realität, die aus diesen Seiten sprach. Seine teilweise schonungslosen Worte erschütterten mich, denn dieser durchaus sympathische junge Mann war trotz allem ein überzeugter Nazi. Er glaubte restlos an das, wofür er kämpfte und letztlich auch starb, aber ich konnte trotzdem sehr gut mit ihm fühlen.

Nur wenige Jahre nach dem Ende des 1. Weltkriegs geboren, in einer Zeit, in der die Weltwirtschaft am Boden lag, wuchs Klaus in Trümmern auf. Als die NSDAP 1933 an die Macht kam, war er gerade einmal acht Jahre alt und der kriegsvorbereitenden Propaganda für die folgenden sechs prägenden Jahre seiner Kindheit ausgesetzt. Filme, Zeitungen und Bücher waren voll von Hetze gegen den allgegenwärtigen „Feind", die Erwachsenen sprachen begeistert vom Führer, der endlich wieder für Lohn und Brot sorgte und jede Opposition war erstickt worden. Ich glaube gerade deshalb nicht, dass Klaus auch nur ansatzweise bewusst war, wie sehr er manipuliert worden war. Denn es gab kaum kritische Stimmen und selbst wenn sie vereinzelt doch noch ertönten, dann waren achtjährige Kinder wohl die letzten, die sie hätten hören können.

Als Hitler am 1. September 1939 verkündete: „*Polen hat heute Nacht zum ersten Mal auf unserem eigenen Territorium auch mit bereits regulären Soldaten geschossen. Seit 5:45 Uhr wird jetzt zurückgeschossen!*", stellte das also niemand in Frage. Man glaubte fest, dass das deutsche Vaterland angegriffen worden sei und es war letztlich nur das geschehen, was schon seit Jahren befürchtet und propagiert worden war. Man musste sich jetzt verteidigen, seine Werte schützen und den Feind zurückschlagen. Denn gerade erst ging es einem wieder gut, statt „Grassuppe" gab es endlich wieder Fleisch, da bedrohte der unbekannte Feind aus dem Osten den Frieden.

Vier Jahre Krieg lagen bereits hinter Deutschland, als Klaus selbst dem „Ruf des Führers" folgte und an die Front zog. Nach einer kurzen Ausbildung zum Funker wurde er nach Russland geschickt, wo er schon bald im Schützengraben lag und die ersten Menschen tötete. Beinahe nahtlos war er von der Propagandamaschinerie des Dritten Reichs begleitet worden, von seinem achten Lebensjahr an bis zu seinem Tod in einem Lazarett, irgendwo weit entfernt der Heimat!

Doch ich möchte Klaus trotz allem nicht völlig aus der Verantwortung nehmen, denn was er getan hat, war zweifelsohne schrecklich. Ich glaube allerdings auch, dass es vor dem Lesen dieser Briefe wichtig ist, sich die Zusammenhänge klar zu machen, um sie richtig bewerten und eine Wiederholung verhindern zu können. Die gefährliche Arroganz abzulegen, dass wir alle besser sind, dass uns so etwas niemals passieren würde.

Ich schrieb eingangs, dass auch ich es hätte sein können und ich glaube das wirklich. Denn wenn ich mich heute daran zurück erinnere, wie beeinflussbar und leichtgläubig ich selbst mit acht Jahren war, dann bin ich sehr dankbar. Denn ich lebte damals, ohne es zu wissen, in dem Luxus nicht derart manipuliert worden zu sein. Ich lebte nicht wie Klaus in täglicher Todesangst als ich 14 Jahre alt war und ich war auch nicht gezwungen selbst über Leben und Tod zu entscheiden, als ich gerade erst volljährig war. Niemand schoss auf mich, niemand warf mit Granaten nach mir, niemand wollte mich töten. Ich wuchs so überzeugt davon auf, dass wir in einem sicheren, demokratischen Land leben wie Klaus aufwuchs mit dem vermeintlichen Wissen, dass Deutschland von Feinden umzingelt und von „Untermenschen" durchsetzt war.

Uns allen geht es gut, wir sind behütet und ohne Krieg im eigenen Land aufgewachsen, aber gerade das macht uns auch so unendlich verwundbar. Denn wie schnell vergisst man sich selbst, urteilt aber über andere? Ich glaube, dass Klaus Heine selbst eigentlich kein schlechter Mensch gewesen ist. Dafür schreibt er zu liebevoll und zu intelligent. Ich glaube aber auch, dass er ein Leben lang dazu gemacht worden ist und letztlich auch wie einer handelte. Und dafür gehört er verurteilt, keine Frage, nicht aber ohne eine angemessene Erklärung.

Hoffen wir, dass wir selbst von so etwas verschont bleiben werden, denn wirklich sicher ist nichts im Leben und irgendwann wird die Geschichte auch über uns urteilen, so wie wir es unweigerlich nach dem Lesen dieser Briefe mit Klaus tun werden.

Stefan Heikens

Die Briefe von
Klaus Heine

Liebe Eltern!

Aus Breslau sendet Euch die herzlichsten Grüße Euer

Klaus

Rußland, den 5. März 43

Liebe Eltern!

Am Sonntag, dem 1. März, sind wir unverhofft verladen worden. Um 13 Uhr fuhren wir ab. Jeder Zug (dreißig Mann) wurde in einem Güterwagen verfrachtet. Es ist ja schrecklich eng. Jeder will seine Beine ausstrecken, und das ist ein Ding der Unmöglichkeit. Aber mit gutem Willen geht alles. In jedem Wagen ist ein Ofen. Kohlen mussten organisiert werden. Auf den einzelnen Bahnhöfen stehen ja genug Güterwagen mit Kohlen.

Eine Petroleumlampe für nachts haben wir ebenfalls erworben. Mit gemischten Gefühlen sahen wir der Marschrichtung entgegen. Als wir über Weimar fuhren, da war die Richtung allgemein bekannt. An diesem Tage, dem 1. März, fuhren wir über Weimar, Appolda, Naumburg, über die Saale, Weißenfels, Ammendorf, Merseburg, Halle. In Halle bekamen wir die erste warme Verpflegung. Ebenfalls für jeden einen Laib Brot, Butter, eine Wurst von 75 cm.

Am anderen Morgen erwachten wir in Sagan, fuhren diesen Tag, den 2. März, über Sprottau, Lissa, Kröben, Krotoschin, Ostrowo. Unterwegs schrieb ich an Euch eine Karte mit dem Absender „Breslau". Das war ein Irrtum. Ich dachte wir kämen über Breslau. Am 3. März fuhren wir von Litzmannstadt bis Warschau. Warschau, sowie ganz Polen ist eine armselige Gegend. Warschau ist nur noch eine halbe Stadt. Die Wege und Straßen spotten jeder Beschreibung. Am 4. März kamen wir bis Mosty. Hier haben wir die erste Dienstausgabe: Größte Vorsicht gegen Partisanenüberfälle. Die Nacht verläuft wie die nächste ohne Zwischenfälle. Am 4. März waren wir in Minsk. Minsk ist rings um das Bahngelände schwer zerstört.

Herzliche Grüße und Küsse

Klaus

Rußland, 8. März 1943

Liebe Eltern!

Heute Abend komme ich dazu Euch zu schreiben. Wir liegen in Richtung Moskau. In wenigen Stunden beginnt unser Einsatz. Jeder hat Pelzstiefel und weiße Überanzüge erhalten. Es herrscht hier rege Lufttätigkeit von beiden Seiten. Heute Morgen erlebten wir unseren ersten Luftangriff. Heute Abend werden wir zum ersten Mal die Front erleben. Die ganzen Tage hörten wir schon das Grollen der Ari-Schlacht[1]. Bis jetzt ging alles noch gut. Hoffentlich bleibt es so. Wir sind so dick angezogen, dass wir wirklich nicht zu klagen brauchen. Meine Anschrift: Soldat Klaus Heine, FN 29182C.

Herzliche Grüße und Küsse

Klaus

---

[1] Ari = Artillerie

Rußland, 9. März 1943

Liebe Eltern!

Wir liegen hier unweit Orel hundert Meter hinter der Hauptkampflinie. Wir liegen zu zwanzig Mann in einem stabilen Bunker. Ich bin als Gewehrschütze eingeteilt. Wir liegen hier mit alten erfahrenen Soldaten zusammen. Es herrscht hier eine Kameradschaft, wie ich sie noch nie gesehen habe. Alles redet per Du, und jeder hilft dem anderen wo er nur kann.

Ich stehe heute zum ersten Mal hundert Meter vor dem Feind im Graben. Alle 24 Stunden wird abgelöst. Vor mir liegt ein Maschinengewehr, das auf jeden, der eins zur Verfügung hat, beruhigend einwirkt. Heute Abend 19 Uhr kommt die Ablösung. Es ist jetzt 12:15 Uhr. Vor einer halben Stunde habe ich den ersten Russen umgelegt. Heute Morgen hörte und sah ich zum ersten Mal die Wirkung der Stalinorgel[2]. Ein nicht abreißendes dumpfes Grollen ist wohl der Hauptbestandteil der „Orgel". Nach einer Stunde hörte sie plötzlich auf. Sie wurde nämlich entdeckt und wirksam bekämpft. Die Flugtätigkeit der Russen ist sehr rege. In wirren Haufen fliegen sie ihre Angriffe und werden regelmäßig von unserer Flak[3] heruntergeholt. Die Verpflegung ist hier prima. Heute Morgen, zum Beispiel gab es Brot, so viel wie jeder brauchte, ¼ Pfund Butter und ¼ Pfund Schweizer Käse. Jeden Tag gibt es zwölf Zigaretten.

---

[2] Stalinorgel = Katjuscha (russischer Mehrfachraketenwerfer)
[3] Flak = Flugabwehrkanone

Heute scheint die Sonne ganz besonders warm. Es fängt so langsam an zu tauen.

Heute kann ich mich das erste Mal seit Erfurt wieder waschen. Meine Kameraden suchen schon eifrig Läuse, mit größtem Erfolg. Sind meine Großaufnahmen fertig? Zusätzlich zu unserer Verpflegung gab es heute eine Tafel Schokolade. Unsere einzige warme Mahlzeit findet abends nach Ablösung statt. Gestern Abend gab es prima Bohnensuppe mit viel Fleisch. Das war ein Götterfraß.

Die Wascherei habe ich nun beendet. Rasieren tue ich mich nicht mehr. Das ist bei uns hier ganz aus der Mode. Bei uns wird nachts gearbeitet und ab 4 Uhr geschlafen. Bei Tag darf keiner den Bunker verlassen, weil der Feind das Gelände einsieht. Noch vier Stunden, dann ist die Ablösung zur Stelle und wir haben 24 Stunden Ruhe.

Viele herzliche Grüße und Küsse Euer

Klaus

Rußland, 13. März 43

Liebe Eltern!

Fünf Kilometer hinter der Stellung liegen wir für 48 Stunden in Ruhe. Wir sind hier acht Mann in einem wohnlichen Bunker. Die Wände und Betten sind aus Birkenholz gefertigt. In einer Ecke steht ein Kamin. Gestern lagen wir noch in Stellung und froren ganz erbärmlich. Wenn wir jetzt an die 48 Stunden denken, die wir morgen wieder in Stellung verbringen müssen, wird es uns ganz anders. Nach 48 Stunden Wache kippt man leicht aus den Latschen. Es ist eben 15 Uhr. Um 12 Uhr sind wir aufgestanden. Jetzt wird es wohl Zeit sich wieder hinzulegen. Ich benutze jede freie Zeit Euch zu schreiben. Ihr werdet schon gemerkt haben, dass ich die Briefe mit Nummern versehe. Es wäre ganz gut, wenn Ihr das auch so machen würdet. Ich kann dann eher übersehen, ob alle Briefe angekommen sind. Bis jetzt habe ich noch keine Post von Euch erhalten. In unserem Frontabschnitt war am 22.2.43 eine große Sache der Russen. Ihr werdet ja im Wehrmachtsbericht davon gehört haben. Es gab auf unserer Seite dreitausend Verwundete. Wenn wir acht Tage eher gekommen wären, hätten wir vielleicht auch daran glauben müssen. Zurzeit ist hier vollkommene Ruhe. Nur ab und zu fallen einzelne Gewehrschüsse. In meiner Gruppe bin ich der einzige von der alten Erfurter Kompanie. Ich habe mich aber schon wieder sehr gut eingelebt. Wie oft denke ich an Euch zu Hause. Wie ist es doch zu Hause so schön. Man ist ein freier Mann. Hat sein Vergnügen. Hier gibt es noch nicht einmal Wasser. Waschen müssen wir uns mit Schnee. Das Essen und den Kaffee bekommen wir aus dem Dorf 10 km entfernt. Eben wird bekannt, dass unser Bataillon abgelöst und in einer ruhigere Stellung kommen soll.

Bis dahin grüßt und küsst Euch Euer

Klaus

Rußland, 18. März 43

Liebe Eltern!

Seit ungefähr drei Tagen haben wir unsere Stellung gewechselt. Wir sind neun Stunden mit dem Lastauto gefahren. Wir liegen hier südlich Moskau in einer prima ausgebauten Waldstellung. Unsere Gruppe zieht nur nachts auf. Jeder Posten steht einmal vier und einmal drei Stunden. In der Nacht geht die Zeit viel zu langsam um, und dann ist es auch kälter als am Tage. Tagsüber liegen wir zu sechst in einem schön wohnlich eingerichteten Blockhaus. Heute gab es zum ersten Mal in meiner Soldatenzeit Erbs mit Speck. Es war prima.

Auch hier an diesem Frontabschnitt ist nichts los. Nur einzelne Gewehrschüsse werden gewechselt, ohne dass etwas vom Feind zu sehen ist. Heute Mittag - es ist eben 19 Uhr, ich bin gerade abgelöst und habe zwei Stunden Ruhe - frug mich der Kompaniechef, ob ich als seine Ordonanz tätig sein wolle. Ich habe zugesagt. Ich warte noch darauf, was daraus wird. Die Verpflegung ist nach wie vor prima. Jeden Tag zwölf Zigaretten, Schokolade oder Bonbons, Butter, Fleisch, Honig. Ich habe bis jetzt außer Euch noch niemandem geschrieben. Die Zeit ist doch ziemlich knapp bemessen. Jede freie Minute wird zum Schlafen ausgenutzt. Gewaschen wird auch hier nur alle acht Tage. Alles hat bald Vollbärte. Die Stimmung ist aber immer noch ganz groß. Gesundheitlich geht es mir noch gut, was ich auch von Euch hoffe. Ich muss nun schließen, denn der Posten will pünktlich abgelöst sein.

Es grüßt und küsst Euch Euer

Klaus

+++
Wechsel zu Feldpostnummer 11101D
+++

Rußland, 25. März 43

Liebe Eltern!

Hier an der Front ist immer noch himmlische Ruhe. Wir werden hier von Tag zu Tag in einen anderen Bunker verfrachtet. Wann das mal ein Ende nimmt weiß keiner. Ich habe jetzt wieder eine neue FP-Nummer: 11101 D.

Gestern waren wir zur Entlausung. Das ist eine Wohltat. Nach sechs Wochen endlich wieder einmal raus aus der Wäsche. Heute gab es Löhnung 35,- RM. 2,- RM hab für KWHW[4]. In nächster Zeit gibt es Luftfeldpost- und Päckchenmarken. Diese Päckchenmarken klebt ihr auf ein Zwei-Pfund-Päckchen und schickt mir Kuchen.

Herzliche Grüße und Küsse

Klaus

Rußland, 30.3.43

Liebe Eltern!

Es ist eben 3 Uhr morgens. Ich bin gerade abgelöst worden. Meine Wache für diese Nacht ist damit zu Ende. Nun muss ich eine Stunde im Bunker aufbleiben, damit das Feuer nicht ausgeht. In einer Stunde kann man schon viel machen. Ich will sie benutzen, Euch wieder einmal zu schreiben. Mir geht es immer noch gut, abgesehen von einer Erkältung, die ja hier jeder hat. Auch gefällt es mir hier ganz gut. Unsere Stellung, zwischen Kaluga und Orel ist gut ausgebaut. In diesem

---

[4] KWHW = Kriegswinterhilfswerk (Stiftung, die Sach- und Geldspenden sammelte, um damit bedürftige „Volksgenossen" zu unterstützen)

Abschnitt ist es ganz ruhig. Und doch ist gestern einer durch Halsschuss gefallen.

Seit der Abfahrt von Erfurt führe ich ein kleines Tagebuch. Bis heute habe ich noch keine Post von Euch erhalten. Ich hoffe aber sehr, dass bald etwas kommt (FN 11101 D). Es dauert doch ziemlich lange.

Hier beginnt so langsam das bekannte Tauwetter. Die Laufgräben stehen schon hoch voll. Aber immer kommt noch ein Tag, an dem es schneit. Wir sind richtig von der Welt abgeschnitten. Keine Zeitung, kein Radio, kein Wehrmachtsbericht gibt uns Aufschluss über die Lage. Wir sind ein richtig sturer Verein geworden. Noch begünstigt durch das überaus eintönige Gelände und die Witterung. Dazu kommt noch der Dienst und wenig Schlaf.

Zu essen gibt es genug. Alle unter 21 Jahre erhalten täglich 200 gr. Brot mehr. Sonst gibt es nach wie vor Butter oder Margarine, Büchsenwurst, Büchsenfleisch, Schweizer Käse, Marmelade und anderes.

Mein augenblicklicher Bestand an Zigaretten beträgt über hundert. Jeden Tag kommen zwölf dazu. Manchmal auch Zigarren, die werden aber gleich geraucht, schmecken besser als Zigaretten. Fast jeden Tag gibt es Schnaps. Unser 306 I.R.[5] ist ja beim Russen als Schnapsregiment bekannt.

Vor kurzer Zeit ließ der Russe durch Lautsprecher in die Stellungen rufen: „Kommt zu uns mit Kochgeschirr und Mantel". Dieser Satz und noch weitere lösten ungeheure Heiterkeit aus. Durch ein paar Schüsse nahm diese Übertragung ein jähes Ende.

Herzliche Grüße und Küsse von Eurem

Klaus

---

[5] I.R. = Infanterie-Regiment

Meine Lieben!

Erst heute komme ich wieder einmal dazu, Euch zu schreiben. Die ganze Zeit war es mir nicht möglich, denn ich zog dem Schreiben den Schlaf vor. Wenn man so die ganze Nacht vorne im Graben liegt, immer gespannt nach dem Feind hinübersieht, dann benutzt man jede freie Minute zum Schlafen. Seit dem 1.4.43. liegen wir hier als Bataillons-Reserve ein Kilometer hinter der Hauptkampflinie in Bunkern in Ruhestellung. Vier Tage arbeiteten wir unermüdlich daran, unsere Bunker in Ordnung zu bringen. Jetzt, nach acht Tagen, nachdem das Wetter jetzt langsam wärmer wird, und die Bunker so langsam austrocknen, müssen wir Tag für Tag unsere Bunker ausschöpfen. Jeden Morgen wenn wir aufstehen (9 Uhr) steht alles voller Wasser. Abends müssen wir die Stiefel hochhängen, damit sie nicht am anderen Morgen weggeschwommen sind. Am 11.4. kommen wir wieder in Stellung. Bis jetzt habe ich den Russen noch nicht kennengelernt. Seine schwere Ari, Ratsch-bum (Granatwerfer) und vor allem die Stalinorgel habe ich kennengelernt. Die russische Infanterie taugt überhaupt nichts. In wüsten Haufen kommen sie stur aufrecht auf unsere Linien zu. Es ist ein leichtes, sie abzuschießen.

Die einzige wirksame Waffe des Iwan ist seine schwere Ari. Gegen sie ist bis jetzt noch kein Kraut gewachsen. Sonst geht es mir noch gut, was ich auch von Euch hoffen darf. Wenn Euch die Tommy's[6] auch mal nachts aus den Betten holen, oder wenn jemand versucht was zu hetzen, gebt nichts drauf.

Wir hier im Osten haben es sicher schwer, wenn nicht noch schwerer als ihr, und wir halten auch aus.

---

[6] Tommy's (korr. Tommies) = Engländer

Die Verpflegung ist hier prima, jeden Tag gibt es Süßigkeiten und Zigaretten, oder Schnaps. Alles Dinge,
die den Landser versöhnen und ihm das Leben erleich-
tern. In Kürze werde ich Euch ein Päckchen mit zweihundert Zigaretten, Hautcreme u.a. schicken. Euren
lieben Brief vom 23.3. habe ich am 4.4. erhalten. Ich bin
hier wie jeder andere ein biederer Infanterist. Und die
zwei Buchstaben „FN" bedeuten Feldpostnummer. Es
freut mich, dass Ihr ein schönes Andenken in dem Bild
von mir habt. Ich hätte gerne ein Bild von Mutti, Oma
und Tante. Das mit den 10,- RM stimmt. Ob ich den
Kuchen und die Orangen erhalten habe kann ich nicht
mit Bestimmtheit sagen. Lasst bitte bald wieder was von
Euch hören!
    Es grüßt und küsst Euch Euer

Klaus

Anbei drei Luftfeldpostmarken!

                                        Russland, 9.4.43
Liebe Eltern!

Heute erhielt ich mit großer Freude den zweiten Brief
von Euch (23.3.). So ein Brief von zu Hause stimmt den
Landser gleich freudiger. Wie ich aus dem Brief ersehe,
geht Vater immer noch zur Schule. Wie gern ginge ich
auch nochmal zur Schule, statt hier in der Sch….. zu
sitzen. Aber das kann ja einen Landser nicht erschüttern,
da haben die Läuse schon mehr Erfolg. Ja Läuse, bis
jetzt waren sie ja noch friedlich mit mir. Ich hoffe auch,
dass es so bleibt. Dass die Post so lange Zeit benötigt,
ist leicht zu erklären. Die Züge mit der Post mussten ein
Partisanengebiet durchfahren. Auf dieser Strecke kann

immer was passieren. Zur Beruhigung habe ich auf diesen Brief Ffm.-„Eschersheim" geschrieben. Hoffentlich kommt der Brief früher an.

Bei dem ersten Luftangriff steckten wir kurz die Nase in den Schnee und der Schreck war vorüber. Wenn hier an der Front ein Flieger kommt, kümmert sich kein Mensch darum. Alle, wie wir von Erfurt kamen, sind Infanteristen geworden. Den Blitz[7] auf dem linken Arm trage ich aber nach wie vor. Ich kann mir den Augenblick vorstellen, als Du, lieber Vater, die Rauchwaren bekamst. Du wirst noch größere Augen machen, wenn Du in nächster Zeit insgesamt ungefähr fünfhundert Zigaretten erhältst. Es ist ja keine besondere Sorte, aber es ist was zum Rauchen. Wenn ich so nachts abgelöst bin und aus dem Graben in den Bunker komme, dann muss ich eine Zigarette rauchen. Ihr wisst ja gar nicht wie das beruhigt. Aber trotzdem habe ich noch Zigaretten in Hülle und Fülle. Leider ist das Frankreich zum Russland geworden. Walter hat Recht mit seiner Prophezeiung gehabt. Meine Füße werden ja jetzt im Graben nicht beansprucht. Ich habe auch jetzt keine Beschwerden. Ich will nun schließen, in der Hoffnung bald wieder etwas von Euch zu hören.

Es grüßt Euch herzlichst zum Osterfest Euer

Klaus

Russland, 13.4.43

Meine Lieben!

Es ist eben 18 Uhr. Um 21 Uhr muss ich meinen Kameraden im Graben ablösen. Ich sitze hier im warmen

---

[7] Blitz = Ärmelabzeichen der Nachrichtentruppe (Funker)

Bunker und benutze diese Zeit, Euch wieder ein paar Zeilen zu schreiben. Ich bin noch gesund und munter, was Euch ja am meisten interessieren wird. So langsam wird es einem ja langweilig. Nachts immer im Graben, ab 3 Uhr bis Mittag schlafen, dann bis zum nächsten Aufziehen Arbeitsdienst. Trotz unserer gut ausgebauten Stellung muss hier und da immer noch etwas ausgebessert und verbessert werden. Gestern kamen wir vom Bataillon, wo wir als Reserve lagen, zurück. Wir haben einmal acht ruhige Tage verlebt. Ich hätte eine Bitte an Euch: Schickt mir bitte ein paar Bilder von Ffm., besonders von Eschersheim. Wenn ich auch die Heimat dieses Jahr ganz bestimmt nicht mehr sehen werde, so will ich mir doch ab und zu einmal diese Bilder betrachten.

In nächster Zeit werde ich Euch, das gilt besonders für die holde Weiblichkeit, sechs Dosen Hautcreme schicken. Ich muss diese Dosen einzeln schicken weil die Päckchen sonst zu schwer werden. Es handelt sich hier um Aock-Hautcreme.

Es grüßt und küsst Euch herzlichst Euer

Klaus

Russland, 15.4.43

Lieber Vati!

Deine zwei Briefe vom 27.3. und 28.3.43. habe ich heute dankend erhalten. Die ganze Zeit lief ich hier mit Filzstiefeln herum, eine prima Sache, jetzt laufe ich mit Schnürschuhen herum. Meine Stiefel wurden als Altware anderweitig verteilt. Bei Euch muss jetzt ein herrliches Wetter sein. Auf das Obst freue ich mich riesig. Es wäre zu wünschen, dass alles heil durchkommt. Ich bin hier als einfacher Grenadier Arschloch eingesetzt. Ich stehe im Graben wie jeder Infanterist. Meine anderen Funkerkameraden sind in alle Winde zerstreut. Die neuen Kameraden sind mir im Grunde noch lieber. Mit den Gruppenführern, meist Obergefreite und Unteroffiziere stehen wir meist per Du. Etwas, was in der Kaserne ganz unmöglich ist.

Der große Angriff des Russen fand nördlich Orel, nicht weit von unserer Stellung statt. Nach Aussage der Überlebenden muss es ganz furchtbar gewesen sein. Dass mein Bild den Ehrenplatz bei Euch einnimmt, ist nett von Euch. Auch Eure Bilder die ich hier habe, hole ich oft hervor und betrachte sie manchmal lange. Oft denke ich an die schöne Zeit die ich bei Euch verlebte. Ob sie noch einmal wiederkommt, das weiß niemand.

Bis auf ein baldiges Wiedersehen in der Heimat grüßt Dich Dein

Klaus

Liebe Mutti!

Ich würde Dir gerne jeden Tag schreiben, wenn ich nur die nötige Zeit hätte. Wenn ich jede Nacht von Wache komme, einmal stehe ich von 7-9 Uhr und dann von 12-15 Uhr, ein anderes Mal von 9-12 Uhr und von 15-17 Uhr. Jede Minute ist kostbar. Wenn man dann noch tagsüber Arbeitsdienst machen muss, schwere Stämme tragen, dann ist man so müde, dass man gar keine Lust mehr hat. Ich liege nördlich Orel.

Das Elsbeth Künzel bald ein Kind hat, war ja vorauszusehen. Es tut mir aber doch leid, dass das Kind gestorben ist. In Eschersheim war ja in letzter Zeit viel los. Erwinchen heiratet, ebenfalls die Freytag, Frau Bohne stirbt, das ist allerhand. Mir geht es ausgezeichnet. Das einzige was uns Sorgen macht, das sind die eiskalten Nächte. Wenn man nachts durch den Graben geht, muss man aufpassen, dass man sich nicht hinsetzt, und tagsüber sinkt man bis zum Knöchel im Schlamm ein. Bis jetzt habe ich W. Plog, W. Merz, Oma Heine, Herr Viehweger, Familie Wegner und Feldmann geschrieben. Ich freue mich riesig auf die Süßigkeiten. Ich bin Euch allen dankbar für alles, auch für jeden Brief.

Es grüßt und küsst Dich Dein

Klaus

Liebes Ingelein!

Es freut mich, dass mein holdes Schwesterlein, trotz dem regen Briefwechsel mit meinem Schwager, auch noch an Ihr Brüderlein denkt. Wenn der Herr Wachtmeister ja bald auf Urlaub kommt, dann will ich bald etwas lesen, wie zum Beispiel: Ihre Verlobung geben bekannt, usw.!

Das zur Hauptsache, nun Punkt 2: Wie geht es Dir? Was macht die Carbone? Dem Reinhard habe ich vor Kurzem einen Brief geschrieben. Geht Ihr noch samstags zum Hasenessen? Ich gönne es Euch von Herzen. Eine Frage: Du schickst doch Walter ab und zu einmal Illustrierte. Wäre es möglich, dass eine davon an mich ginge?

Es grüßt und küsst Dich Dein

Brüderlein

Liebe Oma!

Wenn alle mit einem kurzen Brief bedacht werden, sollst auch Du ein paar Zeilen von mir erhalten. Wenn

Du mir auch nicht schreibst - was ich auch gar nicht verlange - so weiß ich doch: Du denkst genau so an mich wie alle anderen auch. Über das Essen hier in Russland ist nichts auszusetzen, aber Omi kocht doch besser. Wie oft denke ich noch an die Pfannen mit gerösteten Kartoffeln und an die Krautwickel, die ich bei Dir verputzt habe.

Es grüßt und küsst Dich Dein

Klaus

Russland, 15.4.43

Liebe Tante und Omi!

Heute erhielt ich vier Briefe, darunter einen von Dir. Ich habe mich sehr gefreut. Das Wetter ist hier wie im Frühling. Wenn die Sonne scheint, ist es ganz leidlich warm. Ringsum alles Wald. Wenn wir Zeit hätten, könnten wir es noch schöner haben. Vor unserem Bunker wollen wir uns einen Tisch bauen, damit wir in der freien Zeit ein paar schöne Minuten haben. Du interessierst Dich, was wir essen? Ganz einfach: Die 11. Kompanie (meine Kompanie) kocht prima. Einmal gibt es Bohnensuppe aus grünen Schnittbohnen, einmal weiße Bohnen. Süße Graupensuppe, Erbsensuppe, süße Nudelsuppe und manchmal zusätzlich Pudding. Kaffee gibt es morgens und abends. Wie ich an Deinen Briefen ersehe willst Du also die Schneiderei aufgeben. Es ist das Beste. Wenn Du auch bis jetzt in der Stellungssuche keinen Erfolg hattest, so wird sich doch noch ein Plätzchen finden. Ich will nun schließen.

Es grüßt Dich und meine Omi Euer

Klaus

Liebe Mutti!

Heute erhielt ich Deine Briefe vom 30.3. und 3.4. Herzlichen Dank. Von Hans Mehler habe ich noch nichts gehört und gesehen.

Liebes Muttchen! Die Sorgen, die Du Dir um mich machst, sind ganz unnötig. Ich gebe hier so gut wie jeder andere auf mein Leben acht. Wenn ich doch einmal getroffen werden sollte, dann habe ich einmal richtig Zeit über alles nachzudenken. Zuerst erscheint mir immer das Bild meiner einstigen Tage, als ich noch unbesorgt bei Euch weilen durfte. Heute jedoch stehe ich hier an der Front, und jeden Augenblick kann einen die Kugel treffen. Das nur nebenbei!

Du fragst mich, wie mir das Frontleben gefalle. Eine schlechtere Front wie Russland gibt es nicht. Wenn wir unsere Wache gestanden haben, und kommen morgens um 3 Uhr oder um 5 Uhr in den Bunker, dann können wir bis 9:30 Uhr schlafen. 10:30 Uhr beginnt praktische Ausbildung am MG, MP, Granatwerfer, usw. bis 11:30 Uhr. Um 12 Uhr muss Essen geholt werden und von 14 bis 17 Uhr ist Arbeitsdienst. 19 Uhr beginnt schon wieder die Wache. Wie Du siehst, hat man kaum Zeit für sich. Und doch ist es ganz schön Soldat zu sein. Wir sind jetzt alle gespannt was es zu Führers Geburtstag an Sonderzuteilung gibt.

Es grüßt und küsst Euch alle herzlichst, besonders Dich, Dein

Klaus

Lieber Vater!

Du fragst nach den Menschen, ihren Berufen und Charakteren. Dies zu beantworten, soll der Inhalt meines Briefes sein. Zuerst unser Gruppenführer:

1. Obergefreiter Anschack, 32 Jahre, drei Kinder, gebürtig in Gelsenkirchen, ist auf einem Büro beschäftigt. Als Gruppenführer und Kamerad ein prima Kerl, wie überhaupt alle in der Gruppe.

2. Der nächste ein Obergefreiter Becker, 34 Jahre, zwei Kinder, gebürtiger Westfale, ist Vertreter einer Maschinenfabrik.

3. Gefreiter Weil, 29 Jahre, aus Ffm.-Fechenheim (!!!) ist Metzger.

4. Grenadier Reul, 24 Jahre, zwei Kinder, Essen, Kupferschmied.

5. Grenadier Kopner, 19 Jahre alt aus dem Rheinland, Bergmann von Beruf.

6. Grenadier Buschmeyer aus Hamm, 35 Jahre, Beruf nicht festzustellen.

7. Grenadier Etlinger, Steyermark, Landwirt, 32 Jahre.

8. Grenadier Klappdohr, 33 Jahre, Junggeselle aus dem Rheinland.

9. Grenadier Janssen, 19 Jahre, Schreiner, aus Weeze Niederrhein.

Und als 10. komme ich mit meinen 18 Jahren. Trotz den verschiedenen Berufen und Herkommen herrscht hier eine großartige Kameradschaft. Ich will nun schließen, denn bis zum nächsten Aufziehen will ich noch etwas schlafen.

Es grüßt Dich und alle anderen recht herzlich,

Klaus

Meine Lieben!

Heute erhielt ich einen Luftpostbrief Nr. 16 vom 13.4., natürlich von Mutti. Bis jetzt bin ich im Besitz folgender Briefe: 23.3., 27.3. Vater, 27.3. Mutter, Nr. 6 28.3., Nr. 1 28.3. Tante, Nr. 8 30.3. Vater, Nr. 7 30.3. Mutti, Nr. 9 3.4. Mutti, Nr. 10 3.4. Vati, Nr. 11 5.4. Inge, und jetzt den letzten Nr. 16 von Mutti.

Liebe Mutti! An Deinen lieben Briefen sehe ich, dass Du sehr um mich besorgt bist. Auf die vier Päckchen, besonders auf das Zwei-Pfund-Paket freue ich mich riesig. Schon im Voraus herzlichsten Dank. Leider ist noch nichts davon in meinem Besitz. Die Päckchen mit den Zigaretten und die Paketmarke werdet Ihr ja jetzt erhalten haben. Gestern war Führers Geburtstag. Wir hielten hier an der Front eine kleine Feier ab, bei der sieben Mann mit dem EK II[8] ausgezeichnet wurden. Am Nachmittag war dienstfrei. Gestern hatten wir das erste Mal Gewitter. Es blitzte und krachte und goss vom Himmel, was nur herunterkonnte. Wir, die wir auf Wache standen, wurden ziemlich nass. Als die Wache um war, hingen wir die nassen Sachen auf und nach drei Stunden standen wir schon wieder im Graben. Der Russe verhält sich immer noch ruhig. Nur das aufgeregte Schießen hat zugenommen. Es ist aber nur ein planloses Schießen. Ich weiß, dass Du Dir, liebe Mutti, jetzt schon wieder unnötige Sorgen machst. Das hat gar keinen Wert, frage nur Vater, der wird Dir bestätigen, dass alles nur halb so wild ist.

Es grüßt und küsst Euch alle herzlichst Euer

Klaus

---

[8] EK II = Eisernes Kreuz zweiter Klasse

Liebe Mutti!

Heute erhielt ich mit dem Brief von Tante Deinen lieben Brief und die zwei Päckchen. Herzlichsten Dank. Es tut mir sehr leid, dass Du am 10.4. keine Post von mir erhalten hast. An mir liegt es nicht. Die Zeit ist daran schuld. Wenn etwas zu reparieren ist, komme ich gern einmal vorbei!!!

Wir sind keine Infanteristen sondern Panzergrenadiere. Vater wird ja inzwischen die fünfhundert Zigaretten erhalten haben. Es soll ein Geschenk seines Sohnes zur bestandenen Prüfung sein. Ich muss nun schließen, denn die Pflicht ruft.

Es grüßt und küsst Euch alle

Klaus

Liebe Tante!

Deinen Brief Nr. 2 mit Luftpostmarke vom 11.4.43 habe ich dankend erhalten. Haben Euch die Engländer auch wieder einmal besucht? Eschersheim blieb wieder einmal verschont. Mir geht es noch gut, was ich auch von Dir hoffen darf. So sieht unser Bunker aus:

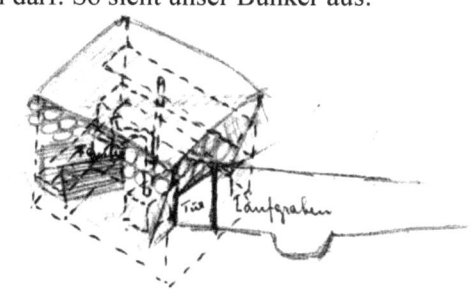

Nachts ist es jetzt bedeutend wärmer, so dass man fast ohne Mantel stehen kann. Dann geht einem die Zeit auch schneller rum. Es freut mich besonders, dass Herr Werner Lötz einmal den Betrieb der deutschen Wehrmacht kennenlernt. Dort ist es wohl vorbei mit dicken Zigarren rauchen. Am 3.4.43 habe ich nach Frischborn geschrieben. Dein liebes Päckchen habe ich freudig erhalten. Die Kekse habe ich gleich gegessen. Dass Inge einen gesegneten Appetit hat, habe ich gewusst, aber sieben Klöße hätte ich ihr nicht zugetraut. Hoffentlich ist es ihr gut bekommen.

Herzliche Grüße Dein

Klaus

Russland, Ostern 43

Meine Lieben!

Ostern 1943! Heute Morgen schenkte uns die Kompanie als Ostergeschenk eine prächtige Entlausung. Die - wie Inge sagt - lieblichen kleinen Einwohner wurden hier restlos vernichtet. Während unsere Klamotten im Ofen schmorten, nahmen wir ein Bad. Wir fühlten uns wie im siebten Himmel. Als wir wieder nach vorn gingen, erwartete uns zur Feier des Tages eine prima Erbsensuppe. Als kalte Verpflegung gab es Butter, zwei Eier, Kunsthonig, fünf Bonbons und sechs Zigaretten, ¼ Liter Schnaps.

Mit einem traurigen Ereignis begann unser Ostern. Sonntagmorgen 3 Uhr griff der Russe mit einem Stoßtrupp von 18-20 Mann unseren Abschnitt an. Mit grossen Leitern kamen sie an und wollten über die Palisade klettern. Sie wurden rechtzeitig bemerkt und erhielten ein mörderisches Feuer. Der Angriff war abgeschlagen.

Kurz darauf schoss der Russe mit Granatwerfern. Leider fiel bei dieser Gelegenheit unser Zugführer und ein Unteroffizier, ein anderer Unteroffizier wurde schwer verwundet.

Als ich heute Nachmittag auf Tagesposten stand, kam der Kompaniechef. Nach meiner zackig hingelegten Meldung sagte er mir, dass ich zum Regiments-I.-G.-Zug versetzt werde. Ich komme also am 27.4. einige Kilometer zurück. Leider bekomme ich auch wieder eine andere Feldpostnummer, aber ich nehm gern alles auf mich, wenn ich wieder einmal zurückkomme. Ich muss nun schließen, denn ich muss gleich aufziehen.

Herzliche Grüße,

Klaus

Russland, 29.IV.43

Meine Lieben!

Seid mir bitte nicht böse, wenn ich so lange nicht mehr geschrieben habe. Dieser Brief geht deshalb mit Luftpost ab.

Muttis Wunsch, oder vielleicht auch der Wunsch aller, ist in Erfüllung gegangen. Euer Bub ist bei den Inf.-Geschützen. Wir liegen nicht mehr vorn im Graben, machen tagsüber etwas Arbeitsdienst und können vor allen Dingen nachts schlafen. Ich schreibe Euch noch auf die alte Feldpostnummer 11101D, weil unsere 13. Kompanie erst im Entstehen ist. Ab 1.5. bekommen wir unsere feste Feldpostnummer.

Unsere Feuerstellung, wie die Bunker, liegen mitten im Nadelwald. Jeden Abend 17 Uhr ist Dienstschluss. Anschließend findet ein Spaziergang statt. Ich liege mit noch drei Nachrichtenmännern in einem Bunker. Wie es das Schicksal will habe ich sieben Kameraden aus Erfurt hier in der Kompanie. Mir geht es sonst gut. Wie geht es Euch? Schreibt mir bitte bald einmal (Dieser Satz ist eigentlich unnötig).

Herzliche Grüße und Küsse von Eurem

Klaus

Russland, 29.IV.43

Meine Lieben!

Heute erhielt ich drei Briefe von Euch. Einen vom 25.3., einen vom 10.4. und einen vom 16.4.43. Heute Abend habe ich genügend Zeit und auch Lust Euch zu schreiben. Wir sitzen hier im Bunker um den Tisch und schreiben. Ich habe mir eine dicke Zigarre angesteckt und mache es mir so gemütlich wie irgend möglich. Mir geht es demnach ausgezeichnet. Wir sind vier Nachrichtenleute (Fernsprecher/Funker gibt es bei I.G. nicht). Drei davon sind aus Erfurt, aus der Gneisenau. Ich habe also meine alten Kameraden wiedergefunden. Wir führen hier ein ruhiges Leben. 2 km hinter der Front in einem Wald. Den ganzen Tag werden Bäume gefällt (Durchmesser bis 1.50m) und Bunker gebaut. Es wird Euch vielleicht interessieren, welche Berufe usw. meine Kameraden haben.

Der eine ist 20 Jahre, stud. Jur. (etwas für Inge), der andere dasselbe wie ich, der dritte ist Berufsmusiker, 35 Jahre. Alles prima Kameraden. Walter Merz war falscher Meinung, als er Euch sagte, ich käme nicht gleich nach vorn: Gleich nachdem wir ausgeladen waren, ging es im Eilmarsch in den Graben. Ich schreibe Euch so oft ich kann, dass Ihr mir alle zwei Tage schreiben wollt, ist sehr nett von Euch. Bei mir ist es leider nicht möglich.

Bei uns ist auch richtiges Aprilwetter. Mit drei der Kameraden mit denen ich photographiert bin, bin ich zusammen.

E. Kester hat also sein Wort nicht gehalten, als er sagte: „Die, oder keine!". Er läuft also immer noch in der Heimat herum, der Herr Dr. Dr.!

Alle drei Tage stehen wir innerhalb unseres Bunkers zwei Stunden Wache. Das lässt sich aushalten. Ich bin jetzt als Fernsprecher eingesetzt. Ich weiß von keiner Einladung bei Thiels. Kurz bevor wir wegfuhren war ich einmal abends dort, und habe mich auch verabschiedet. Der Grünberger Oma und Frischborn, ebenso dem Herrn Wachtmeister, Herrn Viehweger, W. Merz und Familie Wagner habe ich bereits geschrieben.

Den Pack Illustrierte von Inge habe ich erhalten. Herzlichen Dank. Zwei Packen, ein Kilopaket und nochmals zwei Päckchen habe ich noch nicht erhalten. Es kann sein, dass sie vielleicht morgen kommen. Meine Uhr geht noch wie am ersten Tag. Ohne Uhr kann ich, glaube ich, nicht mehr sein. Hoffentlich hast Du, lieber Vater, die Zigaretten von mir erhalten (ca. 500 Stück).

Lieber Vati! Am 16., 17. und 19.4. habe ich Dir dauernd den Daumen gehalten. Es kann ja gar nichts schief gehen. In der kurzen Zeit von zwei Monaten wurde ich zwei Mal versetzt. Von der 4. Kompanie in die 2., dann in die 11., und jetzt in die 13. Kompanie. Es ist daraus sehr erklärlich, dass auch die Feldpostnummer gewechselt werden muss. Erst war es 29182, dann 11101. Ab 1.5. gibt es wieder eine neue Nummer. Warum hat Reinhardt der Carbone gekündigt?

Hier in Russland findet Ihr wohl kaum einen Soldaten, der keine Läuse hat. Alle vierzehn Tage finden Entlausungen statt. Meine Wäsche trage ich schon seit 1. März. Wir müssen sie natürlich selbst waschen.

Es sind bis jetzt nach Euch unterwegs:
- 4 Päckchen mit Hautcreme
- 2 Pakete mit Rauchwaren
- 2 Päckchen mit Seife
  Herzliche Grüße und Küsse von Eurem

Klaus

+++
Wechsel zu Feldpostnummer 16314
+++

Osten, 1.5.43

Liebe Eltern!

Seit heute habe ich eine neue Feldpostnr.: 16314. Mir
geht es noch gut.
  Herzliche Grüße

Klaus

1.5.43

Liebe Mutti!

Zu Deinem Ehrentage nimm dieses kleine Andenken
von mir. Es war mir leider nicht möglich, wie sonst zu
Hause, etwas Schöneres zu finden. Aber eine Mutter hat
Verständnis für alles. Liebe Mutti! Ich sende Dir aus
dem fernen, trostlosen Russland die besten Wünsche.
  Es grüßt und küsst Dich Dein

Klaus

Der lieben guten
Mutter
zu ihrem
Ehrentage

1/5.43 Klaus

Meine Lieben!

Heute erhielt ich mit größter Freude drei Briefe von Euch. Besten Dank. Ich will meine Mittagspause dazu verwenden, Euch postwendend zu antworten.

Zuerst Muttis Brief vom 17.4.43. Es tut mir sehr leid, dass Frau Maaß nicht jeden Tag kräftig auf die Klingel drücken kann. Sie wird es aber dennoch oft genug tun. Ich gebe mein Bestes her, Eurem Wunsche gerecht zu werden. Jedes Mal, wenn ich genügend Luft und Zeit habe schreibe ich Euch. Meistens ist das nur der Fall, wenn ich Post von Euch erhalte. Was hat denn Walter Maaß gefehlt? Ist er auch schon beim Militär? Für Euch ist es vielleicht äußerst unangenehm, wenn Ihr nachts in den Keller müsst. Meistens sind es ja nur zwei oder drei Stunden. Im Keller wird es wohl nicht all zu kalt sein wie draußen. Wir <u>waren</u> es gewohnt jede Nacht 8-10 Stunden in der Kälte zu stehen. Das ist jetzt alles anders. Bei der I.G. ist das nicht mehr nötig. Wir liegen jetzt etwas zurück. Ich danke Euch für das Bildchen. Jetzt habe ich wenigstens von jedem eine Aufnahme. Vater hat schwer zu arbeiten in diesen Tagen. Ich habe ihm beide Daumen gehalten. Es kann gar nicht schief gehen. Das Unwohlsein, das kommt überall, bei jeder Prüfung vor. Es ist sehr nett von Frau Junker mir 100 gr. Fleischmarken zu stiften. Behaltet Ihr die 100 gr. und schickt mir einen Kuchen. Fleisch haben wir hier genug. Es fehlt sehr an Süßigkeiten. Ich habe jetzt 80,- RM (ungefähr) in der Tasche. Ich werde sie in nächster Zeit heimschicken.

Und nun Vatis Brief vom 17.4. Ich las seinen mit derselben Freude wie Muttis Brief und Inges Karte. Habt Ihr die Briefe von mir schon dick, dass Ihr auf einmal so auf Karten versessen seid? Jetzt, wo ich zur 13. versetzt bin, habe ich das Amt eines I.G.-Funkers und Fernsprechers wieder aufgenommen.

Herzliche Grüße und Küsse sendet Euch Euer

Klaus

Beinahe hätte ich Inges Karte vergessen. Mein liebes Schwesterlein hat mir ja auch geschrieben. Und was für eine schöne Karte zu Ostern. Sie kam wohl etwas spät, aber immerhin machte sie mir riesigen Spaß. Herzlichen Dank Ingelein. Ein Extragruß von Deinem Bruder. Herzliche Grüße an Oma und Tante.

Meine Lieben!

Soeben beim Mittagessen erhielt ich zwei Briefe von Euch. Nach längerer Zeit wieder einmal eine Nachricht. Wenn Ihr könnt, schickt mir bitte ein paar Feldpostbriefe und ein paar Bleistifte. Es geschieht in „Eurem Interesse". Ich schreibe jetzt schon seit acht Tagen mit einem geliehenen Bleistift, meine Feldpostbriefe gehen zur Neige. Das so nebenbei. Über die Briefe habe ich mich riesig gefreut. Doch leider bekomme ich weder Päckchen noch Pakete von Euch. Es liegt vielleicht sehr viel an der Versetzung von der 11. zur 13. Wir haben jetzt schon wieder eine neue Nummer: 16314 wie bereits mitgeteilt.

Seit ein paar Tagen bin ich wieder Funker, das als was ich ausgebildet wurde. Mutter braucht keine Angst um mich zu haben. Es kann mir hier so gut wie nichts passieren. Heute Morgen waren wir wieder zur Entlausung. Dies war das erste Mal, dass ich in einer Sauna war. Es war nur ein kleiner Raum für zehn Mann. Er erfüllte aber seinen Zweck. Die Bänke standen gestaffelt zueinander. Aus einem großen Kessel stieg dauernd heißer Dampf auf. Neben der Feuerung waren heiße Backsteine, die dauernd mit heißem Wasser übergossen wurden und die Hitze dadurch steigerten. Uns lief das Wasser aus allen Poren. Anschließend wurde sich kalt abgewaschen. Es war eine Wohltat bei diesem heißen Wetter. Die Wege sind ein Staub und Dreck. Bei unserer Entlausung fanden wir leider kein Soldatenheim, denn soweit liegen wir nun doch nicht zurück.

Sonst geht es mir noch gut. Von den paar schönen Tagen sind wir alle braungebrannt. Es ist hier manchmal tropische Hitze. Wir bekommen monatlich zwei Paketmarken. Bis jetzt habe ich zwei erhalten und Euch ge-

schickt. Die Zigaretten habe ich am 8. und 10.4. abgeschickt. Die werden wohl jetzt die Heimat erreicht haben. Zu trinken gibt es hier nur Wasser und das noch
nicht mal überall. Wie gerne würden wir mal einige
„Mollen[9] zischen". Es ist uns aber leider nicht möglich.
Ihr braucht mir keine Illustrierten mehr zu schicken, wir
sind hier reichlich versorgt. Ich hoffe, dass das große
Paket und die acht Päckchen in nächster Zeit bei mir
eintreffen. Vater ist jetzt „Gott sei gedankt" mit dem
Schriftlichen fertig. Das Mündliche wird wohl halb so
wild sein. Ich wünsche ihm weiterhin viel Glück und
warte gespannt auf die Nachricht „Vater ist Inspektor
geworden".
Herzliche Grüße und Küsse an alle von Eurem

Klaus

Osten, 7.5.43

Liebe Eltern!

Mir geht es gut. Bis jetzt habe ich das Kilopaket noch
nicht erhalten. Ich warte jeden Tag mit Schmerzen darauf. Morgen wird wohl wieder ein Brief von Euch eintreffen, den ich sofort beantworten werde. Sonst wüsste
ich nichts Neues.
Herzliche Grüße

Klaus

---

[9] Molle = Glas Bier (Berliner Dialekt)

Russland, 9.V.43

Meine Lieben!

Heute war wohl mein erfolgreichster Tag in Bezug auf Post. Ein Brief von Euch, einen von Inge, einen von Tante, einen von Herrn Hauptmann Merz und einen von Herrn Viehweger. So könnte es jeden Tag sein. Leider habe ich das Kilopaket noch immer nicht in meinem Besitz. Ebenfalls fehlen noch die Päckchen. Besten Dank für die Ansichtskarten von Ffm. Ja, das ist Ffm. Noch oft werde ich mir diese Bilder betrachten. Lieber Vater. Dein Sohn ist kein Nichtraucher mehr - wenn es auch Mutti nicht recht ist. Es ist mir nicht bekannt, dass in meiner Kompanie, oder auch sonst irgendwo, Nichtraucher keine Rauchwaren erhalten. Ich habe sogar das Glück von einem Nichtraucher noch versorgt zu werden. Hier an der Front, bzw. hinter der Front, wird wohl viel gestohlen, das kann gut möglich sein. Ich will nicht hoffen, dass meine Sachen entwendet wurden.

Liebe Tante! Den Film „Hab mich lieb" kenne ich nur dem Namen nach. Auch ich würde gerne mal einen anständigen Film nach Deinem Geschmack sehen. Noch lieber wäre uns allen der Urlaub, das seltenste in der Deutschen Wehrmacht. Ein Satz an Deinem Brief gehört ins Witzblatt. Er lautet „Duck Dich nur, damit Du nicht gesehen wirst" (Das nur nebenbei).

Liebe Inge! Für die Grüße von Euch allen aus dem ersten Stock des Hauses Eschersheim Landstr. 379 danke ich herzlichst. Ich freue mich riesig auf das zweite Paket, obwohl ich das erste noch nicht habe. Deine Karten sind hier im besten Zustand angekommen. Besten Dank.

Herzliche Grüße von

Klaus

Meine Lieben!

Heute ist nun schon der 16. Mai. Am 9. des Monats erhielt ich die letzte Nachricht von Euch. Bei Euch zu Hause wird man nun den Muttertag gebührend feiern. Bei uns dagegen vergeht ein Tag wie der andere. Heute Nachmittag ist dienstfrei. Ich will diese Gelegenheit benutzen, meine alte 11. Kompanie aufzusuchen, und nach meinem Paket zu fragen. Euer erstes Paket ist mit dem heutigen Tage vierzig Tage unterwegs. So langsam wird es ja Zeit, dass sich das Paket bald in meinen Händen befindet. Durch die Versetzung kann es natürlich möglich sein, dass das Paket entweder noch bei der alten Kompanie liegt, oder es ist auf dem Wege hierher über das Regiment, was ja auch wieder Zeit in Anspruch nimmt, jedoch keine vier Tage, oder drittens: Das Paket ist auf dem Wege zu Euch zurück. Was jedoch sehr ärgerlich wäre. Ich hoffe sehr, dass das zweite Paket, dessen Start zur Front mir Inge schon schrieb, nicht ganz so lange braucht. Auf Süßigkeiten oder überhaupt auf Post sind wir hier an der Front versessen wie kleine Kinder auf Plätzchen. Die Post ist das einzige was uns noch mit der Heimat in Verbindung hält. Das tägliche Leben bei den I.G. ist 100% schöner, als bei der Infanterie vorne im Graben.

Vor einigen Tagen hatte wir Funkausbildung, so ähnlich wie in der Kaserne, aber ohne „Flachrennen" und dergleichen mehr. Es war eine Ausbildung mit Kameraden zusammen und nicht mit Vorgesetzten, bzw. Ausbildern in der Kaserne.

Wir unterhalten uns alle, ob Gefreiter oder sogar Unteroffizier, mit dem kameradschaftlichen „Du". Wenn mal einer nicht stramm kasernenmäßig grüßt, dann nimmt ihm das keiner übel. Ich glaube kaum, dass mit einem „Drill" (kasernenmäßig) etwas an der Front erreicht werden kann.

Ich bin nun schon drei Monate (ungefähr) in Russland. Alle zehn Tage gibt es Geld, bzw. Löhnung, 22,50 RM. Einmal im Monat gibt es Marketenderware. Das ist ein Minus von ungefähr 10-15 RM. Auf irgendeine andere Art kann der Landser sein Geld nicht loswerden, es sei denn, er spielt mit hohen Einsätzen, was ja in der Deutschen Wehrmacht verboten ist. Mein augenblicklicher Bestand an Geld beträgt 135,- RM.

Da unsere Kompanie erst neu zusammengestellt wurde, bzw. wird, und noch keine Schreibstube besitzt, war es mir noch nicht möglich das Geld einzuzahlen. Sobald diese „Mißstände" beseitigt sind, werde ich das natürlich nachholen. Im Kuvert das Geld zu verschicken, insbesondere so hohe Beträge, ist zu gewagt und auch verboten. Bei der Wehrmacht gibt es bekanntlich am Tage eine warme Verpflegung (Mittagessen) und eine kalte Verpflegung (Brot, Butter, Wurst oder Fleisch, Süßigkeiten und Rauchwaren). Es gibt auch Tage, an denen Tee und Kaffee in Würfelform abgegeben wird. Kaffee kann man ohne Zucker trinken, Tee dagegen weniger. Für etwas Süßstoff (Sacharin) wäre ich Euch sehr dankbar.

Der zweite rare Artikel ist Feuer. Jeder Landser raucht gern mal eine Zigarette oder Zigarre (ich auch). Ja, wo soll er Feuer hernehmen? Streichhölzer bekommt er hier wenig zu sehen. Benzin ist vorhanden. Es fehlt also nur an einem Feuerzeug, entweder zwanzig Zigaretten oder 8,- RM haben. Das ist natürlich etwas viel. Ob es nun bei Euch Feuerzeuge gibt, weiß ich nicht. Auf alle Fälle könnte ich eins gebrauchen.

Punkt 3. Wir liegen hier in einem ziemlich sumpfigen Gebiet. Was natürlich nicht ausbleiben kann, das sind die Mücken. Wir haben schon alle Mittel versucht.

Wir hängten uns Taschentücher über den Hinterkopf - das Gesicht musste natürlich frei bleiben - die Mücken stachen uns nach wie vor. Jetzt ist ein neues Patent herausgekommen. Die „M.A.K. 43" (Mückenabwehrkanone 1943). Sie hat ein Kaliber von 8,8 cm (Durchmesser einer Konservenbüchse), Länge des Rohres 12 cm. Geschossen wird mit Tannenzapfen!!! Am oberen Ende des „Rohres" befindet sich eine Schnur, am besten Draht zum Schleudern. Die Büchse ist durchlöchert. „Schießvorgang": Die Büchse wird mit Tannenzapfen gefüllt und in Brand gesetzt. Es entwickelt sich dadurch starker Qualm, der jedoch nicht übel riecht. Nach ungefähr zehn Minuten wird die Büchse mit Hilfe des Drahtes mehrmals vor dem Körper geschleudert, damit sich die Tannenzapfen wieder in Brand setzen und qualmen. Von Zeit zu Zeit muss natürlich nachgelegt werden. Die „M.A.K. 43" ist im Besitze eines jeden der I.G.K. und wird mit vollem Erfolg angewandt.

Nun habe ich aber genug geschrieben. Eigentlich sollten es ja keine vier Seiten geben. Aber wenn man Lust hat soll man so lange schreiben wie es geht. Mir persönlich geht es ausgezeichnet, was ich auch von Euch annehmen darf.

Es grüßt und küsst Euch alle herzlichst Euer

Klaus

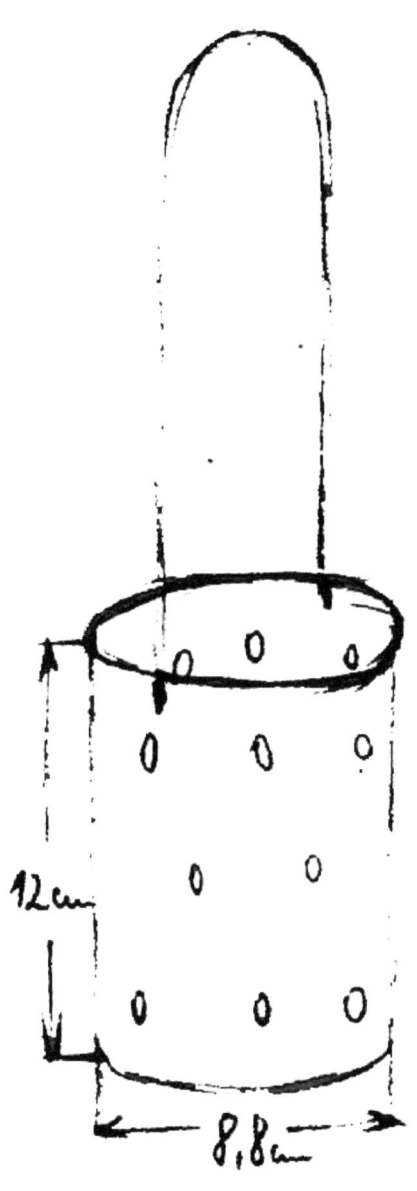

12cm

8,8cm

Meine Lieben!

Heute erhielt ich nach langer Zeit wieder einmal Post von Euch. Es hat sich wirklich gelohnt. Sechs Briefe von Euch, einen von Tante, einen von Familie Wagner, einen von Herrn Hauptmann Merz, und einen von Herrn Wachtmeister W. Plog!! Außerdem drei Päckchen. Ich bin riesig froh, dass die 137 und die 300 Zigaretten angekommen sind. Es sind noch etliche Zigarren und Tabak auch Zigaretten unterwegs. Alles was ich erhalten kann, schicke ich Euch.

Ausgenommen sind Esswaren, denn der Landser ist immer hungrig, besonders dann, wenn er den ganzen Tag an der frischen Luft ist und arbeitet. In der Hitze des Gefechtes kann es vorkommen, dass ein Brief mal ohne Nummer ankommt. Bei uns herrscht jetzt ein Wetter wie in Afrika. Tagsüber unheimlich heiß und nachts leichte Abkühlung. Wenn die verdammten Mücken nicht wären, wir wären durchweg alle braun wie die Neger.

Wir haben jetzt zum Schutz gegen Mücken große grüne Schleier empfangen, die wie ein Sack über den Kopf gestülpt werden. Unser Gesicht ist dadurch bedeutend geschützt. Im Osten läuft eine Scheißhausparole (Gerücht), nachdem alle Ostfrontkämpfer bis Ende Oktober im Urlaub gewesen sein müssen, wie gesagt: Parole!

Es tut mir sehr leid zu erfahren, dass der schöne Birnbaum abgebrochen ist. Es ist natürlich auch für mich ein Verlust. Die Zigaretten kosten, egal ob „Sport" oder „Mopaba", 5 rf[10]. Ihr könnt Euch den Gesamtpreis danach ausrechnen. Ihr könnt mir statt des Kuchens

---

[10] Rf = Reichspfennig

ruhig Gebäck schicken. Mir ist es gleich, ich esse alles. In nächster Zeit wird bei Euch ein Päckchen einlaufen, das, bitte lacht nicht, unter anderem einen Strumpf enthält. In dem Strumpf befindet sich ein Loch, das Loch zu stopfen ist mir unmöglich. Versucht Ihr bitte einmal Euer Glück. Ich will nun schließen, in der Hoffnung, dass Euch dieser Brief in voller Gesundheit erreicht.

Es grüßt und küsst Euch alle Euer

Klaus

Im Osten, 19.V 43

Meine Lieben!

Heute erhielt ich zwei große Päckchen, die so heiß ersehnten. Herzlichsten Dank. Das eine Paket mit dem Kuchen, der etwas trocken, aber dennoch prima war, haben wir in der Bunkergemeinschaft verzehrt. Bei uns ist es üblich, dass erhaltene Esswaren mit den Kameraden geteilt werden.

Das zweite Paket ist noch unversehrt. Es wird wohl morgen dran glauben müssen, natürlich nur für mich. Ebenfalls gingen heute zwei Päckchen von Oma aus Grünberg ein. Ich werde ihr heute Abend auch noch schreiben. Der Kuchen war einfach prima. Mutti hat ihn ganz bestimmt mit größter Liebe für mich gebacken. Ich danke Ihr nochmal dafür.

Herzlichste Grüße sendet

Klaus

Meine Lieben!

Gestern erhielt ich Euren Brief mit der Nachricht von Vaters Beförderung zum Inspektor. Es musste ja so kommen, ich hatte ja beide Daumen gehalten.

Ich bin direkt erstaunt über Karl Wagners Tod. Soll der Fall „Luftschutz" der einzige Grund gewesen sein? Es war meiner Ansicht nach nicht richtig von ihm. Jetzt lässt er die zwei Frauen zurück. Ich kann es noch gar nicht fassen, dass dieser Mann nicht mehr sein soll.

Liebe Eltern! Nicht nur ihr, sondern auch ich kam die ganze Zeit nicht zum Schreiben. Dieser Bunker musste in Ordnung gebracht werden. Jetzt wo es soweit ist, muss ich wieder mein Bündel packen und umziehen. Ich wohne jetzt auf der I.-G.-Stelle. Wir haben hier einen ganz schönen Wohnbunker. Wir sind nur fünf Mann. Jeder von den Fünfen muss täglich dreieinhalb Stunden an der Schere[11] sitzen und beobachten. Es gefällt mir hier sehr gut. Heut erhielt ich zwei Päckchen von Euch und drei Päckchen von Frischborn. Inhalt: zweimal 100 gr. prima Wurst und ein Stück Kuchen. Ebenfalls kam ein Päckchen von Familie Viehweger. Auch einige Illustrierten gelangten in meinen Besitz. Ich schicke Dir heute, lieber Vater, zehn Zigarren. Lass sie Dir gut schmecken. zwei Pakete und neun Päckchen sind damit in meinem Besitz. Heute war ganz schönes Wetter. Leider „hagelte" es am Nachmittag. Hier beginnt jetzt erst das „Aprilwetter".

Seid alle recht herzlich gegrüßt und geküsst von Eurem

Klaus

---

[11] Schere = binokulares Fernrohr

Meine Lieben!

Ihr werdet wohl lange auf eine Nachricht von mir gewartet haben. Ich war eine volle Woche dreißig Kilometer zurück im Dorfe Schelzapowo zum Gasspürlehrgang. Dort hatte ich keine Gelegenheit Post abzugeben. Im Gaslehrgang lernte ich die Arten der Gase und ihre Entgiftung kennen. Wir haben alles praktisch ausgeführt. Heute war der letzte Tag.

Uns „zu Ehren" war gerade eine Varietégruppe angekommen, die uns mit ihren Darbietungen einen schönen Abschluss bereiteten.

Als ich heute nach Hause kam, lagen vier Briefe von Euch da. Sogleich habe ich mich daran gemacht sie zu beantworten. Es waren drei Briefe vom 16.5., einen von Mutti, einen vom V.I. und einen von Tante. Ferner einen Luftpostbrief vom 22.5.

Liebe Mutti! Es freut mich riesig, dass mein kleines Geschenk zum Muttertag Dir Freude bereitet hat. Zu Deiner Freude kann ich Dir mitteilen, dass sämtliche aufgeführten Pakete und Päckchen mit Ausnahme derer vom 28.4., 3.5., 14.5. und 22.5. angekommen sind. Sie werden wohl in allernächster Zeit hier eintreffen. Ihr müsst bedenken, dass unsere 13. Kompanie erst im Entstehen ist. Bis sich einmal alles eingelaufen hat, wird wohl noch eine Weile vergehen. Darüber macht Euch mal keine Sorgen.

Ich bin einmal gespannt was ab 1.6. passiert, wenn Walter auf Urlaub kommt. Hoffentlich kommt sie dann unter die Haube!! Jahrgang 25*26 ist jetzt auch schon an der Reihe? Uns hier im Osten traf der „Fall Afrika"[12]

---

[12] Am 13. Mai 1943 kapitulierte Generaloberst Hans-Jürgen von Arnim bei Tunis und beendete damit den Afrikafeldzug.

schwer. Wir glauben, dass der Krieg ja nicht in Afrika entschieden wird. Afrika diente wohl hauptsächlich zur Ablenkung, damit der Atlantikwall entstehen konnte. Ich habe dem RAW[13] bis jetzt noch nicht geschrieben. Ich weiß nämlich nicht an wen ich das Schreiben richten soll. Vielleicht könnt Ihr mir dabei helfen.

Heinz Franz hat sich also wiedergefunden. Frau Strub mutet sich mit ihrem Kinderheim allerhand zu. Sie scheint noch nicht genug an ihren eigenen Kindern gelernt zu haben.

Erich Kaiser ist also auch Papa. Ich bin stumm und sprachlos. Hier vergeht kein Tag, an dem es nicht regnet. Die Wege sind grundlos und ein Morast sondergleichen.

Liebe Mutti! Du kannst Dir nicht vorstellen, was es heißt im Feindesland Wache zu stehen. Wenn man seine 3-4 Stunden Wache, oder wie bei mir 3-4 Stunden an der Schere sitzt, und dauernd angestrengt gucken muss, dann wirkt eine Zigarette wie drei Stunden Ruhe. Ich rauche ja nicht wie ein Schlot eine nach der anderen, sondern je nach Verlangen. Ein Brief von Soldat zu Soldat dauert immer länger, weil der Brief erst zur Feldpost-Sammelstelle nach Deutschland und dann erst wieder zurückkommt.

Lieber Herr V.I.! Ihrem Brief Nr. 34 gemäß, erfuhr ich, dass Sie nun Inspektor geworden sind! Lieber Vater! Dieser Satz schlägt wohl zu sehr in Dein Fach, und ich bin kaum im Stande auf solche Weise fortzufahren. Der „Fels auf den man nicht mehr bauen kann" hat also doch noch Zigaretten übrig. Es werden immer noch mehr Rauchwaren folgen.

Heute ging mir leider mein Talisman entzwei. Ein Glied der Kette ist gerissen. Ich habe ihn in einem

---

[13] RAW = Reichsbahnausbesserungswerk

Päckchen abgeschickt. Vielleicht könnt Ihr ihn wieder in Ordnung bringen lassen.

Es grüßt und küsst Euch alle Euer

Klaus

Im Osten, 1. Juni 43

Meine Lieben!

Gestern erhielt ich zu meiner größten Freude ein Kilopaket. Inhalt: Ein prima Kuchen, drei Päckchen Keks und Pralinen, alles unbeschädigt. Ebenfalls erhielt ich ein Päckchen mit Briefpapier und Bleistiften und einen Brief vom 20.5. ohne Nummer. Herzlichen Dank. Heute nahm ich das letzte Paket Keks mit vor auf die B.-Stelle[14]. Damit wurde der letzte Rest „am Boden zerstört". Der Kuchen war ganz prima.

Es kommen alle Pakete, Päckchen und Briefe an. Es wird sich sehr wohl jeder hüten etwas zu stehlen, denn es stehen hohe Strafen darauf. Dann wäre noch zu bemerken, dass Nachschubtransporte noch vor Posttransporten kommen. Mit Post kann man nicht schießen, wohl aber mit Munition. Wir werden jeden vierten Tag mit Post versorgt. Es kann natürlich vorkommen, dass die eine oder andere Postsache mal vier Tage länger braucht. Voller Sehnsucht erwarte ich schon das Paket vom 13.5. Auch das kommt bestimmt bei mir an. Ihr könnt in Ffm. von Glück sprechen, wenn Ihr so nach wie vor von dem Tommy verschont bleibt. Hoffentlich ändert sich daran nichts. Um einmal Klarheit über den Preis der Rauchwaren zu haben schlage ich vor, wenn nicht schon anders ausgemacht: Eine Zigarette 5 rf.,

---

[14] B.-Stelle = Beobachtungsstellung

eine Zigarre 10 rf. Bei Vaters Inspektorgehalt wird es ja nicht so viel ausmachen. Ich habe jetzt 150,- RM zu meiner Verfügung. Bei passender Gelegenheit werde ich sie nach Hause schicken. Unser Essen ist noch gut. Im Monat Mai erhielten wir an kalter Verpflegung insgesamt zehn Eier. Einmal sogar Frischwurst statt Büchsenwurst. Bei der 13. gefällt es mir ausgezeichnet. Meine dreimonatige Frontbewährung ist ja nun vorüber. Wenn ich meinen ROB[15] bauen wollte, dann würde ich ganz bestimmt wieder zur Infanterie versetzt. Und das will ich vermeiden. Ich kann es natürlich trotzdem versuchen und werde es auch tun. Man kann mich ja nicht mehr wie ablehnen. Man wird es aber kaum tun, wo doch Offiziere so gesucht werden. An unserem Frontabschnitt ist alles ruhig. Aus verschiedenen Beobachtungen hat sich ergeben, dass „Iwan" in allernächster Zeit einen Angriff starten lassen wird. Wir sind bereit jeden Angriff gebührend zu empfangen. Mir geht es gut, was ich auch Euch nur wünschen kann. Was macht Tante? Immer noch so schwer krank? Ich wünsche Ihr gute Besserung und baldige Genesung. Gestern Abend bekam jeder Landser einen Liter Bier und zehn Zigaretten - heute wieder. Endlich wieder mal Zigaretten. Die ganzen Tage gab es Zigarren. Mit Zigaretten kommt man doch weiter. Wie steht es bei Euch mit Rauchwaren? Wie ist überhaupt die Stimmung bei Euch? Ich interessiere mich sehr dafür. Schreibt mir nur offen und ehrlich wie es daheim aussieht (Mutti kann das am Besten). An Neuigkeiten wüsste ich sonst nichts zu berichten.

Es grüßt und küsst Euch alle, das Geburtstagskind besonders, Euer

Klaus

---

[15] ROB = Reserve-Offiziers-Bewerber

Meine Lieben!

Ich habe lange nichts mehr von mir hören lassen. Mir fehlte die richtige Lust dazu. Heute will ich es dennoch versuchen, denn Ihr wartet ja immer gespannt auf eine Nachricht von mir. Ich habe jetzt bald acht Tage nichts mehr von Euch gehört. Bei uns verläuft der eine Tag wie der andere. Ich hoffe morgen wieder Post von Euch zu erhalten. Meine Kameraden fahren in großer Zahl in den Urlaub. Diesen Monat konnten sechzehn Mann fahren. Wenn das so weitergeht, dann bin auch ich bald an der Reihe. Das wird ein Fest wenn ich mal wieder nach Frankfurt kommen sollte. Ganz Frankfurt wird kopfstehen. Dann wird einer draufgemacht, dass es nur so seine Art hat. Und wie schnell ist alles wieder vorbei? Und dann wird der Abschied noch einmal so schwer. Aber bis dahin ist noch eine lange Zeit und wer weiß was uns noch zustoßen kann, Euch in der Heimat und mir hier. Mir geht es noch gut, was ich auch Euch nur wünschen kann.

Seid alle recht herzlich gegrüßt und geküsst von Eurem

Klaus

+++
Wechsel zu Feldpostnummer 57183
+++

Meine Lieben!

Heute erhielt ich zwei Briefe von Euch. Ihr scheint meinen Brief mit der Bestätigung aller Briefe, Päckchen und Pakete noch nicht erhalten zu haben. Es kommt alles an. Zu Eurem größten Leidwesen muss ich Euch noch mitteilen, dass meine Feldpostnr. wieder geändert ist. Sie heißt jetzt 57183. Nicht fluchen! Unsere Kompanie ist jetzt ganz neu aufgestellt, muss also auch eine neue Feldpostnummer haben. Etwas, was Euch wieder beruhigen wird, ist die Tatsache, dass ich heute 150,- RM eingezahlt habe. Ich habe aber immer noch genügend zum „leben". Ich will nun schließen, denn ich habe ja gestern erst geschrieben.

Seid herzlich gegrüßt und geküsst von Eurem

Klaus

Meine Lieben!

Heute erhielt ich wieder mal zwei Briefe von Euch. Einen von Ingelein vom 2.6.43, Nr. 41, und einen von Vati ohne Nummer vom 2.6.43. Ebenfalls kamen heute wieder Zeitungen an. Herzlichen Dank. Ihr müsst schon entschuldigen, wenn lange Zeit mal kein Brief von mir ankam.

Wir hatten hier eine Woche starken Regenfall. Die Bunker dienten uns als Schutz ganz großartig. Aber am dritten Tage fing es im Bunker auch an zu regnen. In Strömen kam das Wasser geflossen. Im Bunker wurde es langsam ungemütlich. Notdürftig hängten wir die Zeltplanen an die Decke. Alle drei Stunden schöpften wir das Wasser aus dem Bunker. Seit drei Tagen scheint die Sonne wieder brennend heiß. Unser Bunker ist jetzt wieder einigermaßen trocken.

Heute habe ich wieder einmal Lust zum Schreiben. Wie ich Euch schon schrieb war der Kuchen trotzdem er vier Wochen alt was ganz prima. Ihr müsst nur nicht denken, dass ich den Kuchen an die Kameraden verteilt hätte. Nein, durchaus nicht. Jeder von meinen Kameraden bekam ein Stück. Mehr nicht. Durch die Feuchtigkeit war der Kuchen wie frisch aus dem Ofen. Aber ohne Schimmel. Morgen gibt es pro Mann 100 gr. Bohnenkaffee. Der geht sofort Richtung Heimat. Lasst ihn Euch gut schmecken. Die Grünberger Oma hat mir zwei 100 gr.-Päckchen prima Plätzchen geschickt. Ich habe mich bereits bei Ihr bedankt.

Vor einigen Tagen rief mich der Spieß an. „Ihr Vater hat mir einen Brief geschrieben und zwar einen saugroben". Ich habe Dir bereits die Gründe des verspäteten Ankommens der Pakete klargelegt. Also nur die Ruhe. Es kommt alles an. Vor einigen Tagen bekam ich auch ein Päckchen von Herrn Viehweger mit Pralinen, bereits bedankt. Ich freue mich riesig, dass schon wieder ein Paket unterwegs ist. Ich lege diesem Brief wieder eine Paketmarke und sechs Luftpostmarken bei. Ihr werdet wohl vergeblich auf den einen Strumpf warten. Ich habe beide Strümpfe gegen neue eingetauscht. Unsere Wäsche wird von den „Matkas" (Russenweibern) gewaschen. Seitdem ich hier in Russland bin habt Ihr mir schon allerhand Neuigkeiten berichtet. In so einer Gemeinde passiert doch ziemlich viel.

Liebe Mutti! Ich weiß, dass Du die Kuchen mit großer Liebe für Deinen Jungen backst. Ich weiß das zu schätzen. Deshalb warte ich immer und mit großer Vorfreude auf ein Paket! Liebe Inge! Wie ich schon vernommen habe willst Du also nach Chemnitz abschwir-

ren. Viel Vergnügen zu dieser Reise! Und viel Erfolg!!!
Ich freue mich, dass Du die Creme erhalten hast. Ich bin
am Oberkörper braun wie ein Sommerfrischler. Wir
arbeiten den ganzen Tag an der frischen Luft mit blo-
ßem Oberkörper. Den zweiten Leuchter kann ich Dir
jetzt nicht mehr machen. Es wird wohl auch so gehen!
Ich muss nun schließen, denn meine Neuigkeiten sind
erschöpft.

Es grüßt und küsst Euch herzlichst Euer

Klaus

Russland, 15. Juni 1943
(Ingeleins Geburtstag)

Meine Lieben!

Gestern und vorgestern war Pfingsten. Für mich zwei
Feiertage, von denen ich den zweiten niemals vergessen
werde. An diesem zweiten Pfingstfeiertag machte ich
meinen ersten Stoßtrupp. Und zwar ging das folgender-
maßen zu:

Am 14. Juni um 5 Uhr Wecken. Um 6 Uhr mar-
schierten wir in der Feuerstellung mit drei Geschützen
und Fernsprechgerät ab. Nach einem Marsch von 15 km
hatten wir die Stoßtruppenausgangsstellung erreicht.

Sogleich wurde Kabel von der Feuerstellung bis
dorthin gezogen. Vor der Palisade war nun alles ver-
sammelt. Die Infanteristen und eigentlichen Stoßtrupp-
männer waren verkleidet wie die Indianer. In getarnten
Hemden, das Gesicht grün angestrichen, den Stahlhelm
mit grünem Laub getarnt. So gingen die Männer pünktlich 11 Uhr über die Palisade, mit der Knarre, M.P. oder
Pistole bewaffnet. Kein Koppel, die Munition in der
Hosentasche. Sprengstoff in Beuteln um den Hals ge-

hängt. Um 11:30 Uhr ging auch ich wie die anderen Männer mit Pistole und Fernsprechgerät bewaffnet mit dem Kompanie-Chef über die Palisade, um im Vorfeld eine Wechsel-B.-Stelle zu errichten. In geduckter Stellung gingen wir der russischen Stellung entgegen. Fünfzig Meter vor dem russischen Draht gingen wir in Stellung. Bis hierhin hatte ich auch Draht gezogen. Hier baute ich nun meine Fernsprechstelle ein.

Es war inzwischen 12:30 Uhr geworden. Unsere Pioniere schnitten jetzt den Stacheldraht durch ohne dass der Russe etwas merkte. Dann fiel der verabredete Schuss und mit „Hurra" wurde die russische Stellung gestürmt. Der Tagesposten gefangen genommen. Nun wurden drei Bunker mit der Besatzung beim Mittagessen gesprengt. Unsere I.G. schoss nun Sperrfeuer während sich unser Stoßtrupp zurückzog. Jetzt wurde aber auch der Russe wach. Mit Ari und Ratsch-Bumm versuchte er unseren Rückzug abzuschneiden. Ein Höllenzauber, wie ich ihn zum ersten Male hörte, vollzog sich hier. Den ausgelegten Draht ließen wir alle zurück. Nur aus dem Bereich der russischen schweren Waffen zu kommen, war unser allererster Gedanke. Um 15 Uhr hatte sich der Russe wieder beruhigt. Der Stoßtrupp war erfolgreich abgelaufen. Der Zweck erfüllt.

Mit Stolz auf unsere getane Arbeit gingen wir vergnügt nach Hause. Das war mein erster erfolgreicher Stoßtrupp. Noch so zwei und Euer Bub bekommt das EK II. Das ist bei der I.G. so üblich (Eine Zigarette hat meine Nerven kolossal beruhigt). Das war etwas, was vielleicht nur Vater interessieren wird. Für die Mutti schicke ich morgen 100 gr. Bohnenkaffee ab, damit sie sich von diesem Brief wieder erholt.

Es grüßt und küsst Euch alle herzlichst Euer

Klaus

Meine Lieben!

Gestern erhielt ich Euer Paket mit sieben Rollen Keks und Feuerzeug. Herzlichsten Dank.

Die Kekse sind schon alle. Das Feuerzeug habe ich mir zurecht gemacht. Es klappt jedes Mal. Schickt mir bitte nur Pakete, wenn Ihr wirklich etwas übrig habt. Und das kommt bei Euch ja selten vor. Ich will Euch nichts wegessen, ich komme hier mit meiner Verpflegung aus. Gewiss eine Abwechslung ist ganz schön.

Es grüßt und küsst Euch herzlichst Euer

Klaus

Russland, 23.6.43

Meine Lieben!

Heute erhielt ich mit größter Freude wieder ein Paket von Euch, und zwar das vom 9.6.43. Der Kuchen ist ganz prima. Da hat Mutti wieder einmal ein Meisterwerk vollbracht. Zur Hälfte hab ich ihn schon verdrückt.

Gleichzeitig mit diesem Paket kam ein Brief von Vati vom 13.6.43, mit der Voranzeige zu diesem Paket. Inge scheint es in Chemnitz sehr gut zu gefallen. Mir scheint so, es ging dort etwas Besonderes vor. Und auch noch mit dem langen blauen Kleid!! Also, wie gesagt, ich habe beide Pakete, auch das vom 2.6. erhalten.

Eure Sorgen um mich, zufolge des Wehrmachtsberichts wegen den Kämpfen um Orel, sind unnötig. Wir haben hier nur ein Ari-Duell vernommen. Ich bin gesund und munter und braun wie ein Neger. Hier ist wieder einmal eine glühende Hitze; wir sind ja auch hier der Sonne näher. Diesen Monat bekamen wir bis jetzt

21 Eier, täglich drei Stück. Mit Rauchwaren ist es bei uns auch knapp. Ein Paket Tabak für fünf Mann an zwei Tagen.

Meine Ansicht zum Kapitel <u>ROB</u>! Es ist ja ganz schön mal in der Heimat zu sein, und dann noch als ROB. Der eine oder andere hat eben das Schwein, sich zuhause herumzudrücken. Aber Ihr merkt es ja an Euch selbst wie gemeckert wird. Meine Frontbewährung habe ich hinter mir. In nächster Zeit soll ich einen Unterführerlehrgang mitmachen und von da aus zur neunmonatigen Ausbildung in die Heimat. Ich meine aber, es wäre besser wenn ich mich zur I.O.[16]-Ausbildung melden würde. Zur I.G. käme ich im ersten Falle ganz bestimmt wieder zurück. Über diesen Fall „ROB" werde ich in nächster Zeit mit meinem Kompaniechef reden.

Wie ich aus dem Brief lese, müsst Ihr ja sehr mit dem Essen sparen. Zum größten Unglück schickt Ihr mir auch noch Pakete. Ihr habt doch selbst nichts, Am besten ist es, Ihr schickt mir keine Pakete mehr. Ich habe hier genug zum Leben. Esst Ihr mal Euren Kuchen alleine. Ihr könnt es ganz bestimmt selbst gut gebrauchen.

Vater hat mir da einen Brief geschrieben, da spricht richtig der aufrichtige Deutsche raus. So müssten sie alle sein. Offen und ehrlich und die Lage so hingenommen wie sie kommt, mit allem zufrieden, so richtig wie man ihn gebrauchen kann. Mutti ist ja etwas anders eingestellt, genauso wie Omi und Tante. Auch hier an der Front kann man es nicht begreifen, dass der Führer so, man kann wohl sagen „machtlos", den Terrorangriffen zusieht. Aber es wird auch die Zeit kommen wo dem Tommy alles zurückbezahlt wird. Gewiss, die Menschen haben Schweres mitzumachen, und sie müs-

---

[16] I.O. = Informations-Offizier

sen es tragen. Aber auch diese Zeiten werden vorübergehen.

Es grüßt und küsst Euch alle recht herzlich Euer

Klaus

Im Osten, 1. Juli 1943

Meine Lieben!

Heute erhielt ich Euren lieben Brief vom 17.6.43 (Nr. 46). Herzlichen Dank. Zuerst möchte ich Dir, lieber Vati, zu Deinem Geburtstage gratulieren. Ich kann Dir leider keine Rauchwaren schicken, da ich zur Zeit selber keine habe. Wir sollen aber in den nächsten Tagen Marketenderwaren bekommen.

Ich schreibe Euch diesen Brief in einer Zeit in der wir Stellungswechsel machen. Zwei Züge von unserer Kompanie werden damit einem anderen Bataillon unterstellt. An eine Auflösung ist nicht zu denken. Zumal wir ja erst aufgestellt wurden. Die I.G. hat sich hier ganz großartig bewährt. Sie ist wohl die einzige Waffe die der feindlichen Infanterie, außer Granatwerfer, im Schnellfeuer wirksam entgegen treten kann. Von den Kämpfen um Orel haben wir noch nichts gemerkt. Mit der Feldpostnummer ist das halb so schlimm. Wir sind ja in derselben Einheit geblieben, und alle Briefe auf die alte Nummer erreichen uns trotzdem pünktlich. Nur unsere Kompanie hat eine andere Nummer bekommen, weil es ja früher nur ein Zug war. Thema Urlaub: Bis Oktober ist der ehemalige I.G.-Zug mit Urlaub durch. Wenn nichts dazwischen kommt schließen sich die Urlaubsplätze für uns an. Ich rechne, dass ich so um Weihnachten zu Hause bin. Inge hat mir vor einigen Tagen eine nette Karte aus Chemnitz geschrieben. Walter Merz wird seine Freude auf das Militär auch bald gedämpft wissen. Nach dem Stellungswechsel schreibe ich Euch wieder.

Es grüßt und küsst Euch herzlichst Euer

Klaus

Im Osten, 6.7.43

Meine Lieben!

In meinem letzten Brief schrieb ich Euch, dass wir Stellungswechsel machen. Wir haben nun die neue Stellung bezogen, und zwar etwas näher an Orel heran. Wir stehen jetzt westlich Orel. Unsere Hauptkampflinie liegt auf einer Höhe, die des Russen im Tal.

Dazwischen fließt die Schisdra. Grund zur Aufregung ist nicht vorhanden. Gestern erhielt ich drei Briefe von Euch und die Zeitungen. Es waren die Briefe Nr. 46, Nr. 48 und Nr. 49. Habt herzlichen Dank. Auf das Päckchen mit den zerrissenen Strümpfen werdet ihr noch lange warten können. Ich habe ihn ja nicht abgeschickt.

Ihr werdet vielleicht jetzt 44,50 RM erhalten haben, ich habe sie Euch vor acht Tagen geschickt. Ich beneide Hans Mehler nicht als Melder, wenn er auch auf der Schreibstube sitzt. Wenn es aber mal richtig losgeht, dann „armer Hans".

Pudding kann ich zur Zeit nicht gebrauchen, denn wir dürfen hier kein Feuer machen, sonst schießt uns der Iwan die Bude zusammen. Ein Glied von dem Armband ist gerissen. Ich habe dieses Glied wieder notdürftig zusammengedrückt. Die neue Feldpostnummer verzögert nicht im Geringsten die Ankunft von Post aller Art. Wir sind ja dieselbe Einheit geblieben. Ich denke doch, dass dies meine feste Nummer bleibt. Mit Rauchwaren geht es mir genauso wie Vater! Von Reinhard habe ich bis jetzt noch keine Post erhalten. Walter Merz hat in einer Beziehung Recht, wenn er sein freies Leben noch etwas genießt. Hier in Russland ist er dann doch am A… der Welt. Aber was er sich nebenbei leistet, das ist doch allerhand. Nun ja, lasst ihn erst mal zum Militär kommen! Da werden sie ihm das Hinterteil schon hochbinden.

Es freut mich sehr, dass es Inge in Chemnitz so gut gefallen hat. Ich hoffe doch, dass mir Inge persönlich genauen Verlauf schreibt. Sie hat ja bald ganz Chemnitz mitgebracht. Ihr 22. Geburtstag wird ihr wohl ewig in Erinnerung bleiben. Wenn Inge mit der ganzen Plog-Verwandtschaft per Du ist, kann ja nichts mehr passieren. Ich will nun schließen.

Es grüßt und küsst Euch herzlichst Euer

Klaus

Inges Karte aus Chemnitz erhalten.

Im Osten, 17. Juli 1943

Meine Lieben!

Ich habe alles gut überstanden, bin noch gesund. Seid herzlichst gegrüßt und geküsst von Eurem

Klaus

Näheres später!

Russland, 21.7.43

Meine Lieben!

Am 11. Juli war hier ein großer Angriff des Russen. Es ging hier „schaurig rund".

Entschuldigt bitte, wenn ich kein anständiges Papier habe. Meine ganzen Schreibwaren hat der Iwan, und das kam so: In der Nacht vom 10. zum 11. Juli startete ein Großangriff russischer Bomber und Jäger auf unsere Stellungen. Ununterbrochen warf der Iwan Leuchtschirme und Bomben. Wir bekamen alle eine leise Ahnung von einem kommenden Angriff. Und wirklich, um 2:40 Uhr beginnt ein Trommelfeuer, wie es noch nie da war. Schwerste, schwere und leichte Ari, Granatwerfer, Ratsch-Bum und die Stalinorgeln warfen ihre Geschosse auf unsere Stellungen. Alles wurde umgepflügt. Die Drahtverbindung von der B.-Stelle zur Feuerstellung war längst zerstört.

Unter diesem Feuer machte ich mich nun mit noch einem Kameraden auf Störungssuche. Wir haben bald an fünfzig Stellen geflickt. Als wir in der Feuerstellung ankamen, war die Leitung wieder kaputt. Nun setzt das Feuer erst richtig ein. In einem Bunker suchen wir Schutz. Da kommt die Meldung durch: Der Russe ist eingebrochen! Sofort machen wir unsere Geschütze feuerbereit. Alles schleppt Munition herbei, auch ich. Wir schießen was die Rohre nur hergeben. Der Stellungs-Uffz., der Geschützführer und ein Mann fallen. Ich habe inzwischen mein Funkgerät fertig gemacht, und suche Verbindung mit der B.-Stelle aufzunehmen. Ohne Erfolg!

Gegen Mittag lässt das Feuer nach. Ich gehe zur B.-Stelle zurück! Unsere B.-Stelle hat einen Volltreffer bekommen. In sämtlichen Bunkern sieht es aus als hätte ein Erdbeben geherrscht. An diesem Abend fällt noch unser Zugführer. Die nächste Nacht wieder dasselbe Spiel wie vorher. Wir verlegen unsere B.-Stelle wegen starkem Beschuss und lassen alles zurück. Briefpapier, Kochgeschirr, Feldflasche, Decken, Zeltplanen und wer weiß was noch, alles bleibt zurück.

Nun geht der Zauber erst richtig los. Es ist ein Beben ohne Ende. Gegen 4 Uhr hat der Russe unseren ersten Graben besetzt und stößt weiter nach. Uns bleibt nichts anderes übrig als zu türmen. Der Russe hinter uns her. Nach zehn Kilometern Dauerlauf suchen wir unseren Tross auf, und finden ihn auch. Wir werden verpflegt und kommen in eine Bereitschaftstellung. Am nächsten

Morgen werden wir als Infanteristen eingesetzt. Auch hier können wir der Übermacht des Russen nicht standhalten.

Die ganze Nacht marschieren wir bis Tupic, unge-fähr dreißig Kilometer. Bis Tupic haben wir damit fünf-zig Kilometer zurückgelegt. In Tupic schloss ich mich der Veterinär-Kompanie an, die mit Pferdefuhrwerken abermals fünfzig Kilometer zurückfahren.

Am nächsten Morgen werden wir zur Sammelstelle für Versprengte geschickt. Unterwegs erfahren wir, dass dort nichts los ist. Wir gehen zur Veterinär-Kompanie zurück und reiten mit der Kompanie zwölf Stunden bis in ein Dorf, wo auch unser Tross liegt. Die ganze Nacht ritten wir. Am 15.7. kommen wir bei unserem Tross an. Hier findet eine großartige Begrüßung statt. Man nimmt uns, die „Totgeglaubten", mit großem Hallo auf.

Nach zwei Tagen werden wir abkommandiert zur Versprengtensammelstelle als Einweisungskommando, wo ich auch jetzt noch bin. Ich kann Gott danken, dass ich noch mit heiler Haut aus dem Chaos herauskam.

Es grüßt und küsst Euch herzlichst Euer

Klaus

Meine Lieben!

Heute will ich Euch nun wieder einmal kurz schreiben. Früher konnte ich Euch keine Nachricht zukommen lassen, weil ich kein Briefpapier hatte. Diesen Brief habe ich mir zusammengebettelt. Ich habe bei dem letzten Rabbatz (Angriff der Russen) alles zurücklassen müssen. Unter anderem alles, außer dem, was ich anhabe. Kochgeschirr, Feldflasche und Gasmaske habe ich mir wieder zusammengesucht. Jetzt fehlt es nur noch an Briefpapier. Am Vorabend zu dem Angriff habe ich noch ein Päckchen mit hundert Zigaretten für Vater zurechtgemacht. Selbst das konnte ich leider nicht mehr retten. Die Hauptsache ist, dass ich bis jetzt mit heiler Haut davongekommen bin.

Der Russe greift seit dem 11. Juli Tag für Tag an. Er holt sich immer wieder blutige Köpfe. Besonders hoch sind seine Panzerverluste. Schlimmer konnten die Kämpfe im Weltkrieg nicht gewesen sein. Besondere Einzelheiten werdet ihr ja im Radio erfahren haben.

Nun zum gemütlichen Teil. Gestern bekam ich ein Kuchenpäckchen vom 1.7.43. Habt herzlichen Dank. Ich lege wieder eine Päckchen- und drei Luftfeldpostmarken bei. Gestern schrieb mir mein „Schwager" von wegen Verlobung. Hoffentlich wird's was. Mir geht gut.

Herzliche Grüße und Küsse von Eurem

Klaus

Meine Lieben!

Gestern Abend bin ich glücklich wieder bei „meinem Haufen" angekommen. Unsere Kompanie ist ja stark zusammengeschmolzen. Wir sind jetzt nur noch ein Zug mit zwei Geschützen. Es ist natürlich ein Vorteil, daß wir jetzt motorisiert sind. Zehn EK II. und zwei EK I. wurden verliehen. Im Zuge haben jetzt fast alle das EK, außer den jungen, obwohl wir ganz bestimmt genau so viel mitgemacht haben. Jetzt ist ja etwas Ruhe eingetreten. Hier bei Orel kommt der Russe nicht durch. Schwere Kämpfe stehen hinter uns, besonders mit Panzern. Unsere Panzer und Sturmgeschütze haben ganze Arbeit geleistet. Heute erhielt ich sieben Briefe von Euch. Leider waren alle Briefe nicht sehr erfreulich. Vater krank, Oma das Unglück zugestoßen, hoffentlich geht alles gut. Mit Inges Verlobung scheint ja alles perfekt zu sein. Meine Genehmigung hat Sie.

Es grüßt und küsst Euch herzlichst Euer

Klaus

Hundert Zigaretten abgeschickt.

Russland, 4. August 1943.

Meine Lieben!

Vorgestern habe ich einem Urlauber einen Brief und ein Päckchen mit hundert Zigaretten und ein Päckchen Tabak mitgegeben. Beide Sachen werden Euch so schneller erreichen.

Schweres habe ich bis jetzt mitmachen müssen und bin doch heil davongekommen. Heute bin ich bereits

wieder auf B.-Stelle, mit meinem früheren Unteroffizier. Die anderen zwei Mann sind vermisst. Überall wo
man hinkommt sind Laufgräben gezogen und Unter-
stände gebaut. Es ist hier fleißig gearbeitet worden.

Heute erhielt ich einen Brief vom 19.7. von meinem
lieben Muttchen. Mir ist es immer so, als hätte Gott
Dein Beten erhört. Wie viele von meinem Jahrgang sind
nicht mehr unter den Lebenden. Auch ich denke immer
an Euch zu Hause. Sicher seid Ihr ja auch nicht. Mit
Familie Plog scheint ja eine ganze große Freundschaft
entstanden zu sein. Hauptsache: Inge hat ihren Spaß
daran. Bis jetzt habe ich an der Front noch keinen P.K.-
Mann[17] gesehen. Ich lege dem Brief 15,- RM, drei Luft-
post- und eine Paketmarke bei. Mir geht es nach wie vor
noch gut. Briefpapier habe ich keines mehr.

Es grüßt und küsst Euch herzlichst Euer

Klaus

Im Osten, 9. August 43

Meine Lieben!

Seit ein paar Tagen haben wir alle keine Post mehr erhalten. Munitionstransporte gehen sicher jetzt vor.

Über Inge habe ich in letzter Zeit allerhand erfahren.
Das ist ja ganz doll mit dem Äffchen. Mutti und Tante
werden ganz aus dem Häuschen sein. Vater nimmt die
Sache nicht so tragisch, das kann ich mit Bestimmtheit
behaupten. Wenn dieser Brief ankommt wird Vater
seine Zigaretten haben. Ich sammle jetzt alle Zigaretten
die ich auftreiben kann, und schicke sie ihm. Seit einigen Tagen schmecken mir die Zigaretten nicht mehr.

---

[17] P.K. = Propaganda-Kompanie

Ich werde das Rauchen aufgeben. Damit tue ich Mutter wohl einen großen Gefallen. Den soll sie haben.

Seit einigen Tagen haben wir in unserer neuen Feuerstellung Ruhe. Die Verpflegung ist sehr gut. Jeden Tag Kartoffel, Gemüse und Fleisch. Als kalte Verpflegung Butter, Honig, Fleisch, Wurst, Schmalz. Zucker im täglichen Wechsel, dazu Bonbons oder Schokolade. Ebenfalls sechs oder zwölf Zigaretten oder drei Zigarren. Meistens tausche ich die Zigaretten und den Schnaps gegen Süßigkeiten ein. Gestern bekam jeder eine Flasche Wein.

Wir haben jetzt einen neuen Leutnant als Kompanieführer. Das Wetter ist wunderbar. Wir sind alle braungebrannt, wie richtige Sommerfrischler. Ich lege diesem Brief zwölf Luftpostmarken und 20,- RM bei.

Es grüßt und küsst Euch Euer

Klaus

den 15.8.43

Meine Lieben!

Dieser Brief erreicht Euch zu einer Zeit, wo wir auf dem Marsche im Plane der Frontverkürzung[18] sind. Tag und Nacht sind wir nun schon marschiert. Heute Morgen kamen wir mit dem LKW in einem kleinen Städtchen an. Hier sah ich zum ersten Mal ein für russische Ver-

---

[18] Dieser Begriff ist ein Euphemismus, mit dem die deutsche Propaganda die Tatsache verschleiern wollte, dass die Wehrmacht immer öfter und weiter vom Feind zurückgeschlagen wurde. Man erklärte also erzwungene Rückzüge kurzerhand zu „geplanten Frontbegradigungen/-verkürzungen".

hältnisse schönes Dorf. Steinhäuser und annehmbare Straßen, waren das besondere Merkmal.

Heute Mittag nun sitze ich hier in einem Kasernenhof und schreibe diesen Brief. Wo es jetzt hingeht ist uns allen unbekannt. Ich habe jetzt seit ungefähr zehn Tagen keine Post mehr erhalten. Das hängt wohl mit der Truppenverschiebung zusammen. Wenn wir mal wieder in Ruhe sind, wird wohl die Post auch wieder kommen.

Es grüßt und küsst Euch Euer

Klaus

Russland, 25. August 1943

Meine Lieben!

Seit meinem letzten Brief an Euch sind wieder viele Tage vergangen. Ich hatte bis jetzt noch keine Zeit für ein paar Zeilen an Euch. In meinem letzten Brief schrieb ich Euch von unserer Bewegung im Plane der Frontverkürzung. Heute kann ich Euch nun berichten, dass wir von Orel weggekommen sind, und uns jetzt südlich Wjasma befinden. Wir hatten uns schon gefreut, dass wir heraus waren. Jetzt sind wir aber wieder drin in der Sch…., und zwar ganz tief drin. Vor acht Tagen bezogen wir Stellung, und heute sind wir schon wieder weitergerückt. Wer weiß, wie lange wir hier liegen bleiben. Seit heute hat unsere 211. I.D.[19] Urlaubssperre, was das wohl zu bedeuten hat? Mir ist alles egal. Gestern Abend, es war schon 10 Uhr durch, bekam ich Post von Euch. Es waren zwei Briefe von Vater und ein Paket. Heute Morgen war das Paket schon seines Inhalts beraubt, d.h. um diese Zeit hatte ich es schon aufgegessen.

---

[19] I.D. = Infanterie-Division

Es hat ganz prima geschmeckt. Den Talisman habe ich mit großer Freude in Empfang genommen. Seit dem letzten Schlamassel steht meine Uhr. Es ist ganz bestimmt Staub und Sand hineingekommen, auf alle Fälle ist sie nicht mehr in Gang zu bringen. Einen Uhrmacher kann ich hier nicht auftreiben. Schreibt mir bitte, ob sie bei Euch gemacht werden kann und wie ich sie Euch am besten schicken kann. Nun zu dem Thema: „Post einem Urlauber mitgeben!". Es ist bei uns hier Sitte, dass man einem Urlauber Post für die Heimat mitgibt. Wir wollen Euch die Post auf diesem Wege schneller zugehen lassen. Dem Urlauber, dem ich mein Päckchen mitgegeben habe, kann ich sowas anvertrauen. Einem Unbekannten hätte ich das niemals mitgegeben. Schade, dass es mit Vaters Erholung nichts geworden ist. Aber zu Hause ist es ganz bestimmt schöner. Heute ist Regimentsgründungstag (IR 306). Was da passiert ist Dir Vater wohl am bekanntesten: Beförderungen. Ich bin heute mit Rückwirkung vom 1.8.43 zum Obergrenadier befördert worden. Meine Anschrift: <u>Obersoldat</u> Klaus Heine. Klaus Heygen ist auch Obergrenadier. Im November sind ja wieder Beförderungen (Ein Grenadier hat einen Stern auf linkem Oberarm!). Sonst geht es mir noch gut. Mache immer meinen Fernsprecherdienst weiter.

Heygen war die letzten Tage bei einer Schützenkompanie, weil unser Zug schon zu stark war. Gestern soll er verwundet worden sein, und zwar einen Schuss in die Kehrseite. Er soll sich riesig gefreut haben. Den Brief von Ingelein habe ich mit großer Freude erhalten. Das hat sie wieder ganz groß gemacht. Wie geht es Euch? Schreibt mir bald wieder einmal. Ich werde das gleiche tun, so wie ich Zeit finde.

Es grüßt und küsst Euch herzlichst Euer

Klaus

Meine Lieben!

Vor einigen Tagen erhielt ich ein Kilo-Paket mit Kuchen, Pralinen und dem Armband. Habt herzlichen Dank. Ich habe mich sehr darüber gefreut. Ebenfalls erhielt ich mehrere Briefe von Euch. Ich hatte bis jetzt noch keine Zeit zu schreiben.

Inzwischen haben wir wieder mehrmals Stellungswechsel gemacht und unaufhörlich Stellungen gebaut. Es war uns wirklich keine Zeit gegeben. Heute haben wir wieder Stellungswechsel gemacht. Unsere letzte Stellung war in einem <u>Stützpunkt</u>. Was das bedeutet wisst Ihr ja: ein verlorener Posten.

Soeben haben wir eine größere Pause zwischen einem noch größeren Marsch gemacht. Wenn ich mal vierzehn Tage nichts geschrieben habe, dann dürft Ihr Euch nicht gleich aufregen. Denn der Landser hat wenig Zeit für sich und wenig Lust zum Schreiben.

Es tut mir sehr leid, dass Vaters Erholung ins Wasser gefallen ist, aber zu Hause ist es auch ganz schön. Thema Urlaub: Ich stehe mit Urlaub ungefähr an 25. Stelle. Diesen Monat (September) fahren zehn Mann. Ich kann mit November bis Dezember rechnen.

Das Briefpapier habe ich auch erhalten. Das Gelee-Eimerchen habe ich nicht erhalten. Es ist anzunehmen, dass im Wirrwarr des Rückzuges dieses Päckchen verloren ging. Seid bitte nicht böse darum, es ist ja ärgerlich aber nicht zu ändern. Beinahe hätte ich die Bestätigung von Ingeleins liebem Brief mit dem Kleeblatt vergessen. Das hat Inge wunderbar gemacht.

Es grüßt und küsst Euch herzlichst Euer

Klaus

Meine Lieben!

Zuerst möchte ich Euch für das Kilopaket vom 20.8. herzlichst danken. Mit gleicher Post kam ein Brief vom 27.8., damit habe ich jetzt alle Post erhalten. Ich lege diesem Brief, wie gewünscht, zwei Kilo-Marken und 20,- RM bei.

Die Plätzchen und der Kuchen haben prima geschmeckt. Mir kommt es so vor, als würde ich Euch noch arm essen. Ich weiß ganz genau, dass ihr wenig oder gar nichts übrig habt. Ihr sollt wegen mir keine Entbehrungen leiden. Die Verpflegung ist hier noch sehr gut. Ich brauche hier keinen Hunger zu leiden.

Seit sechs Tagen bin ich nun schon vorne auf B.-Stelle. Wir liegen hier auf freier Pläne. Keiner darf nur den Kopf zu hoch nehmen, gleich schießt der Iwan. Essen bekommen wir nur nachts. Wir hausen in Erdlöchern, die wir notdürftig mit Stroh abgedeckt haben. Heute Nacht war es saukalt, es hatte gereift. Tagsüber ist es immer noch angenehm warm. Wir hoffen ja alle, dass wir in nächster Zeit auch diese Stellung wieder verlassen können.

Vater raucht nun auch schon Tee, soweit ist es schon gekommen? In meinem letzten Brief schrieb ich von hundert Zigaretten. Es stimmt schon, damit meine ich eine neue Sendung, nicht die vom Urlauber. Ebenfalls waren da ein Paket Tabak und Mundwasser dabei. Die Front ist hier noch sehr unruhig. Solch eine Zeit ist für ein Fortkommen zum ROB ungünstig. Ich muss da eine ruhigere Zeit abwarten. Von „weniger Schneid wie Herz" ist keine Rede. Ich habe gewiss schon manches mitgemacht. Vor einem ROB ist mir nicht bange. Ich werde diesen Weg schon noch einschlagen. Und mit Urlaub bin ich auch bald dran. Ich rechne, wenn nichts

dazwischen kommt, mit Anfang November. Meine Neuigkeiten sind damit zu Ende.

Es grüßt und küsst Euch alle herzlichst Euer

Obergrenadier Klaus

Russland, 10. September 43
Liebe Mutti!

Bis jetzt hatte ich jedes Mal das Glück, dem Geburtstagskind rechtzeitig meine Glückwünsche zu übermit-
teln. Bei Deinem Geburtstag, liebe Mutti, soll es nun
genau so sein. Es ist zwar schon etwas spät geworden,
aber zum Glück gab es heute Päckchenmarken. Ich lege
vier Luftpost- und drei Päckchenmarken bei. Sonst geht
es mir noch ausgezeichnet. Nun liebe Mutti, gratuliert
Dir Dein Klaus zu Deinem Wiegenfeste und wünscht
Dir alles Gute. Schenken kann ich leider nichts. Das
größte Geschenk wäre wohl für Euch alle, wenn ich auf
Urlaub käme. Aber auch diese Zeit kommt bald. Vorläufig ist die Front hier sehr lebhaft. Wir gehen fast alle
acht Tage 10-20 Kilometer zurück. Ab und zu finden
harte Kämpfe statt. Vorgestern fiel eine ganze Geschützbedienung aus.

Es grüßt und küsst Euch alle herzlichst Euer

Klaus

Russland, 13.9.43
Meine Lieben!

Heute habe ich meine Uhr abgeschickt. Ich möchte dazu
bemerken, dass die Uhr nicht kaputt, sondern verstaubt

ist. Das Rad zum aufziehen habe ich verloren. Vielleicht kann ein neues Ziffernblatt und Glas drauf. Wenn Ihr die Uhr machen könnt wäre ich Euch sehr dankbar. Die Kosten zur Reparatur sind meinem Konto zu entnehmen.

Gestern Abend erhielt ich zwei 100 gr.-Päckchen und zwei Briefe von Euch. Herzlichsten Dank.

Es grüßt und küsst Euch herzlichst Euer

Klaus

Russland, 18.9.43

Meine Lieben!

Es sind nun schon wieder acht Tage vergangen, seitdem ich Euch das letzte Mal schrieb. In diesen acht Tagen haben wir nicht weniger wie drei Mal Stellungswechsel gemacht.

Bei jedem Stellungswechsel müssen neue Stellungen und eine neue B.-Stelle gebaut werden. Zeit zum Schreiben bleibt einem kaum. Heute sind wir in einer ruhigeren Stellung. Morgen Abend geht es wieder weiter. Bei uns sind die Nächte verdammt kalt. Seit ungefähr drei Tagen habe ich Magen- und Darmkatarrh. Heute Morgen haben wir uns vierzig Hühner, ein Schwein und eine Kuh organisiert[20]. Gleich ging ein Kochen und Braten los, es war die reinste Freude. Ich habe kräftig mitgefuttert. Das Schwein haben wir gleich geschlachtet und zwar machte das unser Leutnant persönlich. Ich fühle mich wieder vollkommen gesund. Auf ein paar saftige Äpfel freue ich mich jetzt schon riesig.

---

[20] „organisieren" war der allgemeine Ausdruck für das Ausplündern der Zivilbevölkerung.

Genug Päckchenmarken konnte ich Euch ja schicken. Ich habe richtiges Verlangen nach Obst.

Die Stimmung bei der Truppe ist ganz groß. Es geht ja schließlich immer näher der Heimat zu. Man spricht von einer Winter-HKL[21] Smolensk-Brijansk. Bis dahin vergeht noch einige Zeit. Lasst mir bitte einige Nachrichten über <u>Italien</u> zukommen. Ich habe jetzt seit zehn Tagen keine Post mehr von Euch, d.h. unsere ganze Kompanie nicht. Es kommt vielleicht daher, weil unser Regiment 306 nicht mehr besteht. Unser Regiment besteht nur noch aus einem Bataillon!!

Es grüßt und küsst Euch Euer

Klaus

Anbei 20,- Mark.

Russland, 4. Oktober 1943

Meine Lieben!

Nach acht Tagen ununterbrochenen Marschierens, ca. dreihundert Kilometer, haben wir endlich eine feste Stellung bezogen. Nun habe ich wieder einmal Zeit Euch zu schreiben. Es war gewiss eine harte Zeit.

Immer marschieren, Tag und Nacht. Keine Verbindung mit der Heimat. drei Mann, ein Brot. Zehn Mann, eine Büchse Rindfleisch. Keine Butter, keine Süßigkeiten und keine Post. Wir hoffen alle, dass die Verbindung so oder besser wird. Als ich Euren Brief erhielt, in dem es hieß „wir haben Dir Äpfel abgeschickt" da war meine Freude riesengroß. Leider habe ich aber noch keine Post bekommen.

---

[21] HKL = Hauptkampflinie

Mein Standort ist jetzt: In der Nähe von Propisk, zwischen Roslawl und Baranowitsche. Ihr könnt ja mal auf der Karte nachsehen.

Es grüßt und küsst Euch alle Euer

Klaus

Russland, 11. Oktober 1943

Meine Lieben!

Seit langer Zeit habe ich wieder einmal Post von Euch erhalten. Ich danke Euch für die Geburtstagswünsche, die Ihr mir zugehen ließt. Wir haben jetzt feste Stellung bezogen. Die Nächte sind hier schon verdammt kalt. Und doch schlafen wir noch in Zelten. Vier Bunker sind aber im Bau. Hier in der Feuerstellung haben wir zwei Kühe, vier Panjepferde, achtzehn Hühner, ein Truthahn, eine Ente, eine Gans, zwei Hunde, wir sind eine richtiggehend wandernde Familie. Jeden Morgen gibt es einen halben Liter Milch, und ab und zu mal ein Ei. Jetzt ist es ja auch vorbei mit den Eiern.

Inges Verlobung wird von mir hiermit genehmigt (Es ist ja doch nichts mehr daran zu ändern!!!). Am 6. Oktober bekam ich den O.K.W.[22]-Bericht vom 5.10. zu lesen. Seit diesem Tag bin ich nun etwas beunruhigt: Ffm. wurde schwer angegriffen! Hoffentlich seid Ihr verschont geblieben. Der Urlaub macht riesige Schritte. Ich stehe an zehnter Stelle bei monatlich sechs Plätzen. Für November noch sechs, und bei Dezember bin ich dabei. Vielleicht sogar um Weihnachten. Das wäre etwas. Ich habe Euch meine Uhr abgeschickt. Sie ist nur stark verstaubt. Könntest Du mir die Uhr wieder ma-

---

[22] O.K.W. = Oberkommando der Wehrmacht

chen lassen? Wenn es geht neue Zeiger, neues Ziffernblatt, Glas und vor allen Dingen ein neues Armband.
Die Post lässt uns mal wieder lange auf sich warten.

Es grüßt und küsst Euch herzlichst Euer

Klaus

Russland, 20.10.43

Meine Lieben!

Gestern Abend erhielt ich wieder einmal Post von Euch.
Mir geht es immer noch gut. Unser Rückmarsch ist nun,
Gott sei Dank, zu Ende. Wir sind ununterbrochen Tag
und Nacht marschiert, d.h. mit allen unseren bespannten
Fahrzeugen und Protzen. Ich selbst hatte das Glück, den
größten Teil des Marsches ein Panjefahrzeug zu kut-
schieren. Nun haben wir feste Stellung bezogen. Das
Leben hat wieder seinen gewohnten Gang.

Ich habe bis jetzt vier Apfelpakete und ein Päckchen
von Tante bekommen. Für die Geburtstagswünsche
danke ich Euch allen. Dieser Geburtstag war für mich
wie jeder andere Tag auch. Ich denke diesen Tag in
meinem Urlaub nachzuholen. Meine Kameraden sind
noch die alten vom 11. Juli.

Gestern Abend gab es zur allergrößten Freude „Marketenderware". 120 Zigaretten, sechs Zigarren, zwei
Pakete Tabak. Ich werde jetzt für meinen Urlaub auf-
sparen. Unsere Stellung ist jetzt am Ssush (SSUSH). Ich
bin sehr froh, dass Euch bei diesem Terrorangriff vom
4.10. nichts zugestoßen ist. Nach Eurem Bericht hat
Frankfurt ja allerhand abbekommen. Mit Urlaubsver-
günstigung bei Terrorangriffen ist das nicht so einfach.
Ich bekomme nur dann Sonderurlaub, wenn meine An-
gehörigen total bombengeschädigt und mindestens ein

Familienmitglied getötet wurden. Und das ist Gott sei Dank nicht der Fall gewesen.

Es grüßt und küsst Euch alle bis zum Urlaub Euer

Klaus

Russland, 29.10.43

Meine Lieben!

Heute bekam ich seit langer Zeit wieder einmal Post von Euch. Ich bin sehr froh, dass Ihr heil aus dem Bombardement herausgekommen seid. Mir geht es noch gut. Mitte Dezember werde ich wohl auf Urlaub kommen.

Herzliche Grüße

Klaus

Russland, 1. Nov. 43

Liebe Eltern!

Es ist jetzt 17 Uhr. Wir sitzen hier auf B.-Stelle im Scheine einer Kerze, denn draußen ist es schon dunkel. Gerade kommt der Essenholer und gibt mir zwei Briefe von Euch, vom 22. und 23.10. Ich habe mich riesig gefreut. Ich habe sie natürlich noch vor dem Essen gelesen. Ich kann Euch die freudige Mitteilung machen, dass alle Apfelpakete bereits von mir gefr..... sind! Seid Ihr nun beruhigt? Aber etwas anderes beunruhigt mich: Warum ist meine Uhr noch nicht bei Euch? Sie ist jetzt über fünf Wochen unterwegs. Wenn sie inzwischen angekommen ist, schickt sie mir bitte nicht zurück. Am 1. Dezember bin ich vielleicht zu Hause! Vielleicht!!! (Das nur so nebenbei). Beinahe wäre mir meine Feldflasche voll frischer Vollmilch übergekocht. Heute Morgen bekam unser Zug zwei S.I.G. (schwere Infanterie-Geschütze). Wir sind jetzt eine schwere Kompanie. Vor ein paar Tagen habe ich Oma in Grünberg und auch Walter geschrieben. Herr Viehweger erhielt auch eine Karte von mir. In dem bewussten Doppelbrief waren nur 25,- RM. Als ich den ersten Brief zu hatte fiel mir ein, dass ich Euch noch etwas Geld schicken wollte. Ich tat also den Brief und das Geld in ein anderes Kuvert. Mein vorläufiger Bestand an Rauchwaren beträgt siebzig Stück, im Monat November gibt es nochmal hundert Zigaretten. Damit werden wir zwei wohl im Urlaub auskommen!!! Mir geht es noch ausgezeichnet. Ich werde versuchen, mehr zu schreiben.

Es grüßt und küsst Euch herzlichst

Klaus

Russland, 5. Nov. 1943

Liebe Eltern!

Ich will Euch heute wieder einmal ein paar Zeilen zukommen lassen. Seit meinem letzten Brief habe ich noch keine Post wieder erhalten. Ich sitze hier im geheizten Bunker unserer B.-Stelle. Draußen pfeift der Wind. Es ist richtiges Novemberwetter. Meine Stimmung steht schon ganz im Banne des Urlaubs. Wenn nichts dazwischen kommt erhalte ich den Urlaubsplatz vom 24.11. Ich wäre dann am 27.11. zu Hause. Ich müsste dann am 18.12. wieder zurück. Das steht natürlich noch nicht fest.

Es grüßt Euch herzlichst

Klaus

Im Osten, 7.11.43

Liebe Eltern!

Heute machen wir nun schon wieder zum x-ten Male Stellungswechsel. Wir werden abgelöst. Wo wir jetzt hinkommen weiß niemand. Wir hatten uns gerade so schön eingerichtet, und jetzt müssen wir wieder weg. Zu allem Überfluss fängt es jetzt auch noch an zu schneien. Wir hoffen ja alle, dass wir wieder in eine fertige Stellung kommen. Jetzt bei dem harten Boden noch einmal Bunker bauen, das wird wohl sehr schwer für uns.

Der einzige Trost der mir bleibt, ist der, dass ich diesen Monat noch in Urlaub fahre. Hier ist ja alles ruhig. Der Russe ist fest daran, seine Stellungen auszubauen.

Es grüßt und küsst Euch Euer

Klaus

Russland, 15.11.43

Meine Lieben!

Seit meiner letzten Nachricht an Euch, ist nun leider wieder geraume Zeit vergangen. Wie das kann, will ich Euch nun berichten.

Am 8.11. abends wurden wir abgelöst. Wir wurden mit LKWs dreihundert Kilometer nördlich gefahren. Am 11.11. hatten wir bereits wieder Stellung bezogen. Wir liegen jetzt am Rande eines Dorfes. Unsere Geschütze: Wir sind jetzt schwere Kompanie, mit S.I.G., M.I.G., Pak und Infanteriekanonenhaubitzen ausgerüstet und stehen direkt neben einem Russenhaus, das wir als Quartier bezogen haben. Da jetzt kein ausgebildeter Fernsprecher im Zuge ist, bin ich nun wieder Fernsprecher. Zur Verstärkung unserer Kompanie erhielten wir

Leute von der Au. Dadurch verschiebt sich nun auch die Sache mit dem Urlaub. Mit 28.11. wird es also nichts.

Post haben wir alle seit unserem Stellungswechsel nicht mehr erhalten, und auch nicht abgeben können. Am 13.11. legte der Russe ein Störungsfeuer auf das Dorf. Sämtliche Scheiben fielen heraus. Die Splitter schwirrten durch die Bude. Leider wurde unser Zugführer dabei verwundet. Er kam zurück zum HVP[23]. Wir haben bereits schon wieder einen neuen Zugführer. Ich bin bei ihm so etwas wie Schreiber. Ich zeichne bei ihm Zielpunktskizzen und andere Kleinigkeiten. Mit Urlaub rechne ich mit Mitte Dezember. Es ist aber auch noch nicht bestimmt. Sobald sich wieder Gelegenheit findet, werde ich Euch wieder schreiben. Bitte nicht aufregen wenn einmal längere Zeit keine Post kommt!!

Es grüßt und küsst Euch herzlichst Euer

Klaus

+++

Urlaub

+++

1. Weihnachtsfeiertag 1943

Meine Lieben!

Heute Mittag 12 Uhr bin ich endlich nach sechzigstündiger, qualvoller Fahrt im Trosslager angekommen. Wie versprochen, will ich Euch nun kurz schreiben. Am 23., um 17 Uhr war ich in Wirballen. Dort mussten wir uns auf der Frontleitstelle melden. Um 20 Uhr ging es dann

---

[23] HVP = Hauptverbandsplatz

weiter. Heute um 1:30 Uhr war ich in Witebsk. Das war ein Heiligabend! Auf der Frontleitstelle Witebsk empfing uns eine Bläsergruppe und spielte uns Weihnachtslieder, kurz danach die neuesten Schlager.

Auf der ganzen Fahrt musste ich dauernd an Euch denken. Mir war doch etwas traurig zumute. Es war überhaupt eine sehr gedrückte Stimmung. Für mich war es leider schon das zweite Mal, dass ich an Weihnachten fern von Euch war.

Heute Morgen, als ich zur Schreibstube kam, wurde ich gleich großartig begrüßt und musste von der Heimat erzählen. Dann gab man mir zehn Zigaretten, drei Tafeln Schokolade (Eine habe ich schon gegessen) und eine große Tüte Plätzchen. Mit dem Sturmabzeichen wird es nichts. Man hat mir erst zwei Stürme genehmigt und drei muss ich haben. Vom Gefreiten ist auch noch nichts raus. Sonst wüsste ich nichts Neues. Ich nehme stark an, dass Ihr das Weihnachtsfest etwas besser als ich verbracht habt. Ich wünsche Euch ein recht frohes, neues Jahr und viel Glück. Meine Einheit liegt noch auf demselben Fleck. Noch eins: Eine Menge Post habe ich bekommen. Einen Brief mit Inhalt vom 26.11. und 27.11. von Vati und Mutti. Einen Luftpostbrief vom 29.11. und einen vom 13.11. von Vati und Ingekind.

Es grüßt und küsst Euch herzlichst Euer

Klaus

O.U., 27.12.43

Liebe Oma und Tante!

Am ersten Feiertag bin ich glücklich in Witebsk angekommen. Am zweiten Feiertag war ich bereits wieder bei meinem Zug. Es hat sich Gott sei Dank noch nichts verändert. Die schweren Kämpfe waren links und rechts von uns. Sonst geht es mir gut. Liebe Oma, sage doch bitte Mutti, sie solle für mich einen Plansektor oder Kartenwinkelmesser besorgen, wenn sie wieder einmal in die Stadt kommt. Ein Geschäft befindet sich am Horst-Wessel-Platz. Geschäftszeit nur nachmittags. Die Brille hat großen Anklang gefunden!

Herzliche Grüße

Klaus

Russland, 28.12.43

Meine Lieben!

Ich habe Euch versprochen, so oft als möglich zu schreiben. Bis jetzt ist es mir voll und ganz gelungen. Meinen ersten Brief jagte ich gleich per Luftpost (mit geliehenen Marken, aber bitte keine schicken!) los. Ihr seht also, dass ich alles daran setze Euch immer auf dem Laufenden zu halten. Zuerst eine Beruhigungstablette: Ich bin noch gesund und wohlauf. In unserem Abschnitt ist noch alles beim alten und völlige Ruhe. Täglich können wir aber das starke Artilleriefeuer rechts und links von uns deutlich vernehmen; ja man kann sagen: deutlicher als uns lieb ist! Zur Zeit bin ich nicht auf B.-Stelle. Ich werde hier von der Geschützbedienung als unentbehrliche Fernsprechkraft zurückgehalten. Jetzt ist aber ein B.-Organ krank geworden, so dass ich wohl in den nächsten Tagen meinen alten Platz wieder einnehmen werde. Unsere B.-Stelle befindet sich jetzt in einem handfesten Unterstand. Es besteht also keine weitere Gefahr (Bitte nicht aufregen, Mutti!). Der zweite Weihnachtstag war doch noch ganz schön. Alle Mann waren leicht angeheitert, außer mir (Natürlich! Antialkoholiker!). Wie ich Euch schon mitteilte wurden mir nur zwei Sturmtage gewährt. Der am 3. September und am 11. November. Ich habe aber jetzt noch einen entdeckt, und zwar den vom 23. September. Ich habe das gleich eingereicht. Entscheid muss ich abwarten. Die Beförderungen sind in der ganzen Kompanie noch nicht erfolgt. Sind aber in aller Kürze zu erwarten.

Heute habe ich Päckchen Nr. 2 mit 140 Zigaretten, fünf Päckchen Bonbons abgeschickt. Lasst es Euch gut schmecken. In Kürze folgen noch Kerzen. Gestern schrieb mir Walter (Plog) immer noch per „Sie". Was sagst Du nun, Ingelein? Ich habe ihm per „Du" geantwortet. Ich muss nun schließen, denn es ist schon 23:30 Uhr und ich bin hundemüde.

Es grüßt und küsst Euch herzlich, und wünscht Euch ein glückliches, neues Jahr Euer

Klaus

O.U., den 30.12.43

Meine Lieben!

Heute habe ich Euch wieder ein Päckchen fertig gemacht. Inhalt: 68 Zigaretten, drei Zigarren, zehn Zigarillos und zwei Kerzen. Das ist Päckchen Nr. 3.

Als nächstes folgt Briefpapier, und zwar acht Kuverts und fünf Bogen rosa Papier, prima. Hat Inge nun endlich ihr langersehntes Paket? Schreibt mir bitte einmal, wann es kam und was darin war. Es interessiert mich stark. Mir geht es noch gut.

Es grüßt und küsst Euch herzlichst Euer

Klaus

Silvester 1943

Meine Lieben!

Silvester 1943! Wieder ist ein Jahr zu Ende. Und wie schnell flossen die Tage, Wochen und Monate dahin? Viel haben wir erlebt in diesem Jahr an Freud und Leid. Gott hat uns bisher immer beschützt und wird es wohl auch weiter tun. Heute Abend sitze ich mit zwei Kameraden auf der B.-Stelle. Vor uns ein paar Flaschen des köstlichen Nasses. Zwei Flaschen Sekt, zwei Flaschen Likör und Schnaps. Die Nacht kann es also heiter werden. Von der Küche bekam jeder einen Stollen, prima und eine Tafel Schokolade, die ich Euch natürlich zukommen lasse. Ich mache heute noch ein Päckchen fertig mit neun Zigarillos, sechs Zigarren, einem Paket Tabak und 50 Zigaretten.

Es grüßt und küsst Euch herzlichst Euer

Klaus

O.U., den 2.1.44

Meine Lieben!

Nach einem glücklichen Rutsch ins neue Jahr, geht das Leben nun seinen alten Lauf. Als wir heute Morgen aufwachten, war unser Bunker ganz verweht. Es war nicht möglich aus dem Unterstand zu kommen. Der ganze Tag bis jetzt war ausgefüllt mit Schneeschaufeln und dazu ein saumäßiger Schneesturm. Um Stirn und Kinn hatten wir unsere Kopfschützer, Schneebrillen vor den Augen. Wir haben ganz bestimmt nicht gefroren.

Es grüßt und küsst Euch

Klaus

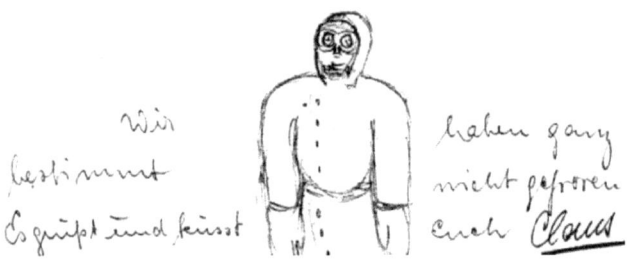

Wir ..... haben ganz
bestimmt ..... nicht gefroren
Es grüßt und küsst ..... Euch Claus

Liebe Oma und Tante!

Ich hoffe, dass Ihr gut ins neue Jahr gerutscht seid. Bei mir verlief es äußerst ruhig, wie immer. Zur Zeit herrscht hier ein furchtbarer Schneesturm.

Es grüßt Euch herzlich Euer

Klaus

O.U., den 4. Jan 44

Meine Lieben!

Ihr werdet Euch sicher wundern, oder besser gesagt freuen, dass ich Euch so oft schreibe. Seitdem ich wieder hier bin, habe ich einen richtigen Drang zum Schreiben. Ich mache es gern und Ihr freut Euch genauso wie ich, wenn Post kommt.

Die kalte Temperatur hält hier weiter an. Wir merken es aber kaum, weil wir immer in Bewegung gehalten werden. Der Schnee liegt hier ungefähr fünfzig Zentimeter hoch. Ihr könnt Euch vorstellen, was es heißt bei diesen Umständen „Strippenflicken". Gestern fuhren wir mit einem Geschütz in eine Wechselfeuerstellung.

Ich machte außer Fernsprecher noch Schütze 3. Als wir zurückkamen, es war inzwischen 15 Uhr geworden, machte ich mir ein paar Bratkartoffeln. Ihr wäret vor Neid geplatzt, wie die Kartoffeln im Fett schwammen. Es waren nicht viele Kartoffeln, aber ich war dicksatt. Die Nacht von 22-24 Uhr war ich wieder auf Störungssuche.

Es ist jetzt 1 Uhr. Ich schreibe diesen Brief in meiner Telefonwache von 0 bis 6 Uhr. Praktisch genommen ist für mich die Nacht schon um. Ich will nun schließen, denn ich muss meinen Gräuelroman noch fertiglesen.

Es grüßt und küsst Euch herzlichst Euer

Klaus

O.U., den 6. Januar 44

Meine Lieben!

Es ist beim Gongschlag 0:30 Uhr! Ja, für mich ist die Nacht zu Ende. Ich habe jetzt Telefonwache bis 6 Uhr. Es ist für mich die günstigste Zeit, einen Brief zu schreiben. Etwas Neues wüsste ich nicht zu berichten. Unser Frontabschnitt ist noch ruhig. Mir geht es gut, was ich auch von Euch annehmen darf.

Es grüßt und küsst Euch herzlichst Euer

Klaus

O.U., den 7. Januar 44

Meine Lieben!

Heute ist nun schon der 7. Januar. Jetzt bin ich schon wieder vierzehn Tage in Russland. Ich habe mich jetzt schon gut eingelebt. Bei dieser Kameradschaft geht es schnell. Und doch muss ich jeden Tag an Euch und meine verflossene Urlaubszeit denken. Vor drei Wochen saß ich noch bei Euch in der warmen Stube und gab mich der Sorglosigkeit hin. Heute stehe ich schon wieder an der Front. Ein weit stärkerer Feind ist uns nun noch gegenübergetreten: Die Kälte. Furchtbare Schneestürme toben hier. Heute ging es ja noch. Gestern war es ganz schlimm. Vor, unter, hinter unserer Bunkertür häuften sich die Schneemassen. Trotz starken Heizens war es im Bunker furchtbar kalt. Mit Mantel machte ich meine Telefonwache. Heute habe ich elf Stunden Wache. Der ganze Zug macht rings um unsere Stellung einen Kampfgraben. Arbeitszeit ist bis 22 Uhr angesetzt. Meine Wache geht deshalb von 16-3 Uhr.

Schickt mir bitte noch ein Verwundetenabzeichen. Die Schenkungsurkunde habt Ihr ja. Macht Euch um mich bitte keine Sorgen, mir geht's noch gut.

Es grüßt Euch herzlichst,

Klaus

O.U., den 10.I.44

Meine Lieben!

Gestern Abend kam unser Rechnungsführer und brachte uns Klamotten. Ich erwischte zwei Unterhosen, ein Handtuch, ein Taschentuch, eine Pelzweste (prima Kaninchenfell) und drei Mantelriemen. Außerdem noch ein paar prima Handschuhe. Frieren kann ich jetzt nicht mehr. Mir geht es gut.

Es grüßt und küsst Euch herzlichst Euer

Klaus

Meine Lieben!

Meine Telefonwache habe ich zur Hälfte um. Soeben habe ich eine kleine Menge Kartoffelpuffer (achtzehn Stück) verdrückt. Nun bin ich wieder vollkommen gesättigt.

Bis jetzt habe ich noch keine Post von Euch erhalten. Sie wird aber hoffentlich bald erscheinen. Zur Zeit ist es saukalt. Jeden Tag von 16-22 Uhr ist Arbeitsdienst. 8 Uhr ist Wecken. Mir geht es noch gut.

Es grüßt und küsst Euch herzlichst Euer

Klaus

O.U., 13. Januar 44

Meine Lieben!

Wie immer nach einem fetten Bratkartoffelessen, will ich Euch wieder ein paar Zeilen schreiben. Mir geht es immer noch gut. Die Front ist hier Gott sei Dank noch ruhig. Das Wetter ist auch noch erträglich. Es ist immer noch bitterkalt. Die Schneestürme haben nachgelassen. Sonst gibt es hier nichts Neues.

Es grüßt und küsst Euch herzlichst Euer

Klaus

14. Jan. 44

Meine Lieben!

Ich muss Euch heute aus einem bestimmten Grund wieder schreiben. Ich bin mit sofortiger Wirkung zum schweren Zug versetzt, und zwar als Funker, an demselben Gerät, das wir in der Kaserne hatten. Mit diesem Gerät bin ich nun wieder auf B.-Stelle. Meine Tätigkeit besteht darin dreimal am Tage auf Empfang zu gehen. Nachts habe ich meine Ruhe. In einem Teil wäre ich gerne in meinem leichten Zug geblieben, andererteils ist mir ja nicht bekannt, was mir an der neuen Stelle noch zustoßen wird. Man soll alles so hinnehmen wie es einmal ist. Es wird mir dort genauso gut gefallen. Es sind ja hier dieselben Kameraden. Ich habe bis jetzt noch keine Post von Euch. Vielleicht kann sie auch jetzt noch nicht da sein. Ich werde aber geduldig warten.

Es grüßt und küsst Euch herzlichst Euer

Klaus

O.U., den 16. Januar 44

Meine Lieben!

Nun bin ich wieder beim schweren Zug als Funker auf der B.-Stelle. Ich habe mich soweit wieder ganz gut eingelebt. Hier sind alles alte Kameraden, mit denen ich auch schon früher zusammen war. Wir haben hier nicht viel zu tun. Täglich eine Stunde an der Schere. Nachts haben wir unsere Ruhe. Heute konnten wir bis 11 Uhr schlafen.

Es grüßt und küsst Euch herzlichst Euer

Klaus

Meine Lieben!

Heute ist wieder einmal Schreibtag. Natürlich nur für mich. Ich warte richtig sehnsüchtig auf Post. Vor ein paar Tagen hörte ich, dass der Tommy wieder einmal Frankfurt angegriffen hat. Hoffentlich ist Euch nichts passiert. Schreibt mir bitte bald etwas Näheres darüber. Mir geht es soweit noch gut.

Es grüßt und küsst Euch herzlichst Euer

Klaus

Russland, 18. Januar 44

Liebe Oma und Tante!

Viele Grüße aus dem „schönen Russland" sendet Euch Euer Klaus. Schön ist es hier nur im Winter, wenn alles verschneit und unberührt ist. Es ist die ganze Zeit schon eine himmlische Ruhe. Hoffentlich bleibt es so.

Es grüßt Euch herzlichst Euer

Klaus

Russland, 19. Jan. 44

Meine Lieben!

Nach langem sehnsüchtigen Warten, kam heute ein Brief per Luftpost vom 8.1.44 von Muttis Hand. Wie ich lese, habt Ihr wieder einmal im Keller gesessen. Ich bedaure Euch sehr. Ich bedaure es auch heute noch, dass ich Ilsekind damals nicht beim Kuchenessen behilflich sein konnte. Liebe Mutti: Nach Ehrenzeichen strebe ich keineswegs, ich verstehe nur die Ansicht, wer's verdient hat, soll's auch haben.

Inge ist ja wieder einmal reichlich beschenkt worden. Hat sich Inge endlich Löcher stechen lassen? Jetzt kann sie ja Tantes Ohrringe wieder zurückgeben. Hoffentlich hat Euch der Hasenbraten auch in meiner Abwesenheit gut geschmeckt. Mutti braucht sich nicht zu ärgern, ich habe mich hier schon revanchiert. Die Front ist ruhig. Mir geht's noch gut.

Es grüßt und küsst Euch alle

Klaus

O.U., 25. Januar 44

Liebe Tante!

Herzliche Glückwünsche zum Geburtstag sendet Dir

Klaus

O.U., 27. Januar 44

Meine Lieben!

Gerade erhielt ich mit großer Freude zwei Briefe von Euch. Beide Briefe per Luftpost vom 17. Januar 44. Ich freue mich sehr darüber, dass meine Päckchen gut angekommen sind und Euch geschmeckt haben.

Mit Walter trete ich gerne noch weiterhin in Briefwechsel. Deine Angaben stimmen. Allerdings liegen wir jetzt südlich Witebsk. Ich bin mit Rückwirkung vom 1.1.44 Gefreiter. Bei uns hat die Kälte etwas nachgelassen, oder wir fühlen die Kälte nicht mehr so stark. Es ist ganz gut, dass ein richtiger Winter dieses Jahr nicht zustande gekommen ist. Der große Kuchen kam heut ebenfalls mit gleicher Post an. Ich habe ihn mit Freuden empfangen. Er galt gleichzeitig als Festtagskuchen.

Hoffentlich hat es Vater im bayrischen gefallen. Was will denn Herr Wiedemann noch bei den Soldaten? Ich wäre gar zu gerne ins Kino, als es „Münchhausen" gab. Leider hatte ich in meinem Urlaub keine Gelegenheit dazu.

Ich denke Dora Lutz wäre schon verheiratet. Inge wird ja immer noch reichlich beschenkt. Ich gönne es ihr von ganzem Herzen. Hoffentlich wird sie mit Walter so glücklich, wie nur irgend möglich. Im Februar wird ja wohl die große Sache steigen. Ich wäre gerne dabei gewesen.

Im nächsten Urlaub (ungefähr Juli/August) werde ich mich einmal nach einem Mädel umsehen, bis dahin fließt noch viel Wasser den Main hinunter. Ilsa Hartmanns Alfred scheint ja eine schöne Nummer zu sein. So ein richtiger derber Melker. Diese Lehre wird wohl Ilse ewig in Erinnerung bleiben. Ich werde in den nächsten Tagen einmal nach Frischborn schreiben und die Marken hinschicken. Heute kam auch ein Brief von Karl Thiel. Sonst wüsste ich nichts Neues.

Es grüßt und küsst Euch Euer

Klaus

Russland, 30. Januar 44

Meine Lieben!

Seitdem ich Funker bin bleibt mir wenig Zeit und Gelegenheit ein paar Zeilen zu schreiben. Heute zum Beispiel war ich von 5 Uhr bis 16 Uhr auf den Beinen. Immer durch den hohen, ja mannshohen Schnee gestapft.

Die schweren Kisten auf dem Rücken ging ich mit dem V.B.[24] bis vor in den Graben, um Sperrfeuerräume einzuschießen. Mehrmals versanken wir in Sumpflöchern, aus denen wir mühsam unsere mit Wasser gefüllten Stiefel zogen. Und dennoch ging es immer weiter. Bis jetzt hat sich Gott sei Dank noch niemand erkältet. In Russland wird keiner krank. In den nächsten Tagen kommt, d. h. <u>soll</u> wieder Post kommen. Ich kann es schon gar nicht mehr erwarten. Hoffentlich ist für mich wieder etwas dabei. Ich schicke Euch 60,- RM.

Es grüßt und küsst Euch herzlichst Euer

Klaus

Russland, 3. Februar 44

Meine Lieben!

Heute erhielt ich einen Brief vom 23.1.44, ebenfalls zwei 100 gr. Päckchen von Euch und zwei von Oma. Herzlichsten Dank. Ich freue mich immer wenn ein Paket oder Päckchen mit Plätzchen oder Kuchen kommt. Ich weiß, dass Ihr nichts habt. Die Apfelschnitzel könnt Ihr mir doch ab und zu schicken. Es tut mir leid, dass ein Päckchen so beschädigt ankam. Es war ja noch alles drin.

Das Geld für die Zahnarztrechnung könnt Ihr von meinem Konto abheben. Den Kartenwinkelmesser bekam ich gestern ebenfalls. Ich habe ihn gleich weiter verkauft (10,- RM). Was hat er Euch gekostet? Den Film „Romanze in Moll" habe ich gesehen. Er hat mir nicht besonders gefallen. Die Kompanie-Kästchen gibt es nicht mehr. Es ist Euch doch bekannt, dass wir Stel-

---

[24] V.B. = Vorgeschobener Beobachter

lungswechsel machten. Wir sind jetzt zwischen Witebsk und Orscha. Es ist hier annehmbar ruhig. Mir geht es ausgezeichnet. Könnt Ihr mir nicht ein Verwundetenabzeichen schicken?

Es grüßt und küsst Euch Euer

Klaus

Meine Lieben!

Heute war für mich ein besonders erfolgreicher Posttag. Ich hatte beinahe von jedem ein paar Zeilen. Von Vati einen Brief vom 14.1.44, von Mutti einen Brief vom 14.1.44, von Herrn Viehweger einen Brief. Von Oma und Tante einen, von Walter und von Reinhard einen. Diesmal hatte ich viel zu lesen. Inge hat ja wieder mal ausgesprochenes Pech gehabt. Auch das geht wieder vorüber. Walter hat mir den ersten „Du"-Brief, sehr kameradschaftlich, geschrieben. Das Wetter ist zur Zeit sehr mild. Teilweise hat schon Tauwetter begonnen. Heute schneit es wieder. Aber auch bei diesem Wetter haben wir unsere Strippen geflickt. Schütze 1 = Richtschütze, 2 = Ladeschütze, 3 = am Sporn zur Einstellung grober Korrekturen, 4, 5, 6 Munischütze. Bei diesem fetten Essen haben wir uns nie den Magen verdorben. Wir waren es ja gewohnt. An 30 rf.-Romanen könnt Ihr mir schicken, was Ihr nur erwischen könnt.

Es grüßt und küsst Euch herzlichst

Klaus

Liebe Oma und Tante!

Euren lieben Brief vom 16. Januar des Jahres habe ich dankend erhalten. Mit dem Schnee geht es allmählich auch hier zu Ende. Die Kälte hat schon bedeutend nachgelassen. Nun etwas anderes: Wäre es nicht möglich, dass Ihr zwei Euch wieder mit meinen Eltern vertragen würdet? Erstens macht Ihr Euch ja nur selbst das Leben schwer, und zweitens ist es für mich kein beglückendes Gefühl zu wissen: zu Hause herrscht Streit. Bitte erfüllt mir diesen einen Wunsch!
    Es grüßt Euch herzlichst Euer

Klaus

Russland, 10.II.44

Meine Lieben!

Heute erhielt ich Euren lieben, aber wenig erfreulichen Brief, von dem Terrorangriff vom 29. Januar. Herzlichen Dank. Unser schönes Ffm wurde ja mal wieder schön hergenommen. Was macht denn mein armes Ingelein? Ist Ihr Füßchen soweit wieder in Ordnung? Ich wünsche Ihr weiterhin gute Besserung. Den Rührkuchen erwarte ich schon mit Schmerzen.
    Es grüßt und küsst Euch herzlichst Euer

Klaus

Ein Brief an Oma und Tante wegen Versöhnung ist unterwegs!

Meine Lieben!

Gestern erhielt ich mit großer Freude zwei Briefe von Euch. Ihr glaubt gar nicht - oder vielleicht doch - welches Gefühl einen bemächtigt, wenn man bei jeder Postausgabe einen Brief dabei hat. So wie ich mich darauf freue, sollt Ihr auch weiterhin Euren Spaß daran haben. Ich habe diese beiden Briefe jetzt genau 35 min. und schon kommt prompt die Antwort. Erst gestern schickte ich einen Brief an Euch, und alle sonstigen Bekannten und Verwandten. Heute schicke ich ein Päckchen ab mit Inhalt: Drei Pakete Tabak, 84 Zigaretten, etliche Zigarren. Lass sie Dir, lieber Vati, gut schmecken. Es ist unsere Marketenderware für Februar.

Liebe Mutti! Wir haben Steppanzüge, soviel Du weißt. Mäntel gibt es nicht. Das schwere Gerät, wie Du unsere Funkgeräte nennst, brauche ich nicht zu schleppen. Es steht im Bunker. Sonst geht es mir noch gut, was ich auch von Euch annehmen darf.

Es grüßt und küsst Euch herzlichst Euer

Klaus

Meine Lieben!

Gestern war wieder einmal ein heißer Tag. Der Russe griff in Stärke von fünfhundert Mann an. Es gelang ihm fünfhundert Meter einzubrechen, konnte aber wieder herausgehauen werden. Gestern erhielt ich zwei Briefe von Euch (5.2.44). Herzlichen Dank. Ebenfalls bekam ich ein 100 gr. Päckchen von Oma und Tante. Ffm. scheint wohl jetzt an der Reihe zu sein. Hoffentlich ergeht es Euch nicht wie den Rheinländern. Mir geht es soweit noch gut. Am 6.2.44 erhielt ich von Walter die letzte Post. Ich habe ihm gleich darauf geantwortet. Ich freue mich heute schon riesig auf den Rührkuchen. Ihr wisst doch ganz genau, dass ich so ein Leckermaul bin. Nach Frischborn sind zwei Päckchenmarken unterwegs (Vier Pfund). Mit dieser Gewichtsmenge kann man schon etwas erwarten.

Seid herzlichst gegrüßt und geküsst von Eurem

Klaus

Im Osten, 16.II.44

Meine Lieben!

Heute Morgen hat sich der Russe wieder einmal beruhigt. Wenn der Russe nämlich einmal richtig abgeschmiert wird, versucht er es so schnell nicht noch einmal. Ihr werdet Euch sicher über meine Schrift wundern. Ja, ich kann auch noch Sütterlin schreiben. Am 14.2. bekam ich die letzte Post von Euch. Heute wird sicher wieder ein Brief dabei sein. Es macht einem richtig Spaß wenn man Post bekommt und beantworten kann. Ich schreibe diesen Brief ohne Post von Euch erhalten zu haben. Mir geht es noch gut. Seid Ihr gut durch die Angriffe gekommen?

Es grüßt und küsst Euch herzlichst

Klaus

Liebe Oma und Tante!

Heute bekam ich wieder ein Päckchen von Euch. Herzlichen Dank. Es ist für mich immer eine nette Abwechslung. Fast jeden Tag höre ich von einem Terrorangriff auf Ffm. Bis jetzt scheint es in Ffm ganz schön rundzugehen. Hoffentlich lassen sie noch etwas stehen. Rolf Feldmann hat mir heute geschrieben. Er liegt im Norden.

Herzliche Grüße

Klaus

Meine Lieben!

Das Leben nimmt nun wieder seinen alten Lauf. Der Russe hat sich wieder etwas beruhigt.

Gestern kam eine Geschützbedienung der Pak in unseren Bunker. Unter ihnen traf ich Bekannte verschiedenster Art. Ein Frankfurter, Stöcklin, wohnt in Sachsenhausen. Ist verwandt mit Bauingenieur Platz, wohnt am weißen Stein 19 über Metzger Düll. Kennst Du die Leute?

Der zweite Bekannte ist ein Maschinenführer. Ein gewisser Kollege. Ich kenne ihn aber weiter nicht.

Herzliche Grüße und Küsse sendet Euch

Klaus

Meine Lieben!

Heute erhielt ich mit großer Freude einen Brief von Vati. Herzlichen Dank. Die Freude war bei mir in einem Teil sehr groß, andererseits kann ich sehr mit Euch fühlen. Ihr habt sehr unter den Terrorfliegern zu leiden. Aber auch Ihr werdet Euch tapfer halten und Eure Leistungen stehen mit den unsrigen gleich. Wir „wohnen" (stark übertrieben!) ja zuerst immer in stark belüfteten Unterkünften. Das macht uns schon gar nichts mehr aus. Wir sind nur froh, wenn das Dach über uns ganz ist.

Da hast Du ja Schwein gehabt, dass Eure Bude noch steht. Erst vor ein paar Tagen dachte ich: Jetzt fällt Dein Krippchen zusammen. Aber Gott sei Dank war es nicht der Fall. Wenn der Landser schon von weitem das bewusste Rauschen hört, zieht er ganz instinktiv den Kopf ein. Anders geht es gar nicht mehr. Heute Nachmittag war ich im „Kino". Auf Deutsch: Panjebude, Fassungsvermögen dreißig Mann, Sitzgelegenheit echter russischer Bretterboden, Wanzen nicht ausgeschlossen. Und doch war es wundervoll. „Tonelli" wurde gegeben. Hat von Euch jemand diesen Film gesehen? Ich sah ihn zum ersten Mal! Lieber Vater! Du weißt doch welche Ansichten Mutti hat. Frauen sind und bleiben immer etwas ängstlich. Den Kartenwinkelmesser habe ich schon lange bestätigt. Ich habe ihn mit 10,- RM weiterverkauft. Bei der Marketenderware gibt es keine Verwundetenabzeichen. Da habe ich ja wieder was Schönes angerichtet mit Ilsekind. Von mir aus kann Ilse auch in den Grüßen und Küssen inbegriffen sein (wenn es Ilse Spaß macht!). Ich werde Ilsekind noch selbst schreiben. Hoffentlich antwortet sie mir. Auf das Päckchen von ihr bin ich sehr gespannt. Es freut mich, dass ich Dir über die „Stillezeit" hinweghelfen konnte. Mutti kann noch von meinem Konto das Geld abheben. Bis jetzt habe ich das Kuchenpaket noch nicht erhalten. Es wird aber so lange nicht mehr dauern bis es bei mir eintrifft.

Als ich heute zum „Kino" ging traf ich einen Kameraden, der mit mir in Erfurt auf einer Stube lag. Er ist im Pionierzug unseres Regiments, noch Soldat. Er ging zum Revier wegen starker Darmerkältung. Er musste tagelang im Schnee liegen. Ich habe es in dieser Beziehung bedeutend besser. Heute bekommen wir Kampfzulage anlässlich der vergangenen „heißen" Tage. Es gab eine Tafel prima Vollmilch-Schokolade (ich habe sie gleich gegessen), zehn Zigaretten und ein Paket Tabak. Wenn ich wieder einmal etwas zusammen habe schicke ich wieder ein Päckchen.

Es grüßt und küsst Euch herzlichst Euer

Klaus

Rußland, 20.II.44

Meine Lieben!

Heute erhielt ich zwei Briefe vom 12.2., ein Lebenszeichen vom 7.2. und ein 100 gr. Päckchen von Oma und Tante. Herzlichen Dank. Ihr habt mir ja wieder schöne Dinge von Frankfurt berichtet. Hoffentlich nimmt das bald ein Ende. Ihr habt ja sicher in der Zeitung gelesen, was um Witebsk los war. Wir machen jetzt mit unserer B.-Stelle Stellungswechsel.

Es grüßt und küsst Euch herzlichst Euer

Klaus

Meine Lieben!

Heute ist der Tag der roten Armee. Im vergangenen Jahr legte der Russe ein wahnsinniges Trommelfeuer auf unseren Graben. Dieses Jahr scheint sich wieder etwas Ähnliches abzuspielen. Den ganzen Tag ist schon ein hin und her. Einmal greift der Russe an, einmal sind wir an der Reihe. Unsere Ari verschießt unheimliche Mengen an Munition. Zur Zeit herrscht eine äußerst starke Kältewelle. Temperaturen bis zu -20°C wurden gemessen. Von der Kälte merken wir gar nichts mehr. Mir geht es sonst gut, was ich auch von Euch stark annehmen darf. Ich weiß ja, dass ich heute wieder Post von Euch erhalte.

Es grüßt und küsst Euch herzlichst Euer

Klaus

Liebe Oma und Tante!

Gestern erhielt ich Euren lieben Brief vom 6.2.44. Herzlichen Dank. Wie ich immer so von Euch lese, habt Ihr fast täglich Fliegeralarm. Bei uns ist zur Zeit Tag und Nacht Alarm. Heute ist der Tag der „Roten Armee". Voriges Jahr um diese Zeit hat der Russe einen Großangriff gestartet. Dieses Jahr wird sich wohl wieder so etwas Ähnliches abspielen. Eine leise Andeutung macht sich schon bemerkbar. Zur Zeit ist es hier sehr kalt. Manchmal haben wir bis zu -20°C.

Es grüßt Euch herzlichst Euer

Klaus

Rußland, 23. Februar 44

Meine Lieben!

Gestern erhielt ich mit größter Freude das langersehnte Kuchenpaket. Herzlichsten Dank. Der prima Kuchen weilte leider nur etwas mehr als drei Stunden vor meinen Augen. Er hat sehr schnell den Weg alles Irdischen genommen. Der Kuchen war ganz prima. Zumal ich ja schon lange nichts derartiges mehr gegessen hatte. Ich mache mir nur über eines Sorgen: Könnt Ihr denn so einen Kuchen immer noch entbehren? Ich weiß ja, dass Ihr in derartigen Dingen sehr knapp seid. Dazu kommt ja auch noch der letzte Angriff auf unser schönes Frankfurt. Was ist denn jetzt in Frankfurt los? Es ist doch sicher bald nur noch eine Ruinenstadt.

Ehrlich gesagt: Lieber in einer solchen Stadt hausen als hier in Russland. Zur Zeit liegt hier immer noch sehr hoher Schnee. Einmal ist es kalt, einmal saukalt (-20°), hin und wieder mal scheint die Sonne. Dann wird es wunderbar warm. Der Russe ist in unserem Abschnitt sehr unruhig geworden. Vor einigen Tagen gelang es ihm mit 800 Mann vorzustoßen und durchzubrechen. Am selben Nachmittag machten wir einen Gegenstoß mit Unterstützung von Sturmgeschützen und Selbstfahrlafetten. Nach einem kurzen Trommelfeuer stürmten wir vor. Schon vom Anblick unserer Panzer ging der Russe türmen. Wir haben die alte Stellung wieder genommen. Der Russe versucht seit einigen Tagen uns wieder zu vertreiben. Es ist ihm noch nicht gelungen. Mir geht es noch gut.

Es grüßt und küsst Euch herzlichst Euer

Klaus

Meine Lieben!

Seit einigen Tagen habe ich keine Post mehr von Euch erhalten. Trotzdem will ich Euch wieder einmal ein paar Zeilen zukommen lassen. Von Ilse habe ich bis jetzt noch nichts erhalten (Paket). Mir geht es noch gut. Was macht Frankfurt?

Es grüßt und küsst Euch herzlichst Euer

Klaus

Russland, 27. Febr. 44

Meine Lieben!

Am 25.2. machten wir wieder einmal Stellungswechsel. Unser Zug ist jetzt motorisiert. Im Sommer ist das ganz schön, im Winter ja auch, aber nur auf kurze Strecken. Dieser Stellungswechsel war solcher Art:

Wir liegen jetzt 30 km südostwärts Witebsk. Der Winter scheint jetzt erst in voller Stärke zum Vorschein zu kommen. Gestern, als wir die neue Stellung bezogen, meldete ich mich gleich freiwillig als Nachrichtenmann zum V. B. In derselben Nacht legten wir noch Leitung bis vor an den Graben, das heißt bis zu den Schützenlöchern. Der Russe hatte uns am Tage vorher eine bestehende Stellung (Höhenstellung) entrissen. Früh am Morgen machten wir einen Gegenstoß. Im zügigen Ansturm nahmen wir diese Höhe wieder.

Heute lagen wir den ganzen Tag vorn mitten in einem deutschen Soldatenfriedhof. Der ganze Friedhof war übersät mit toten Russen, dazwischen lagen wir. Als ich noch zu Hause war, wäre so etwas undenkbar gewesen. Bei Gott und dem Barras[25] ist nichts unmöglich. Der Russe beharkte uns mit Granatwerfern, dass es nur so eine Pracht war. Auch unsere schweren Waffen blieben die Antwort nicht schuldig. Jetzt ist es 19 Uhr, endlich können wir den warmen Bunker aufsuchen. Bei einer kurzen Pfeife Tabak schreibe ich diesen Brief. Mir geht es noch gut. Hoffentlich ist es bei Euch dasselbe.

Es grüßt und küsst Euch herzlichst Euer

Klaus

Rußland, 1. März 1944

Meine Lieben!

Seit drei Tagen bin ich nun auf V. B. von der Umwelt ganz abgeschlossen. Wir führen hier ein einsames Landserleben. Drei Mann bilden hier eine kleine, aber felsenfeste Kameradschaft. Wir sind immerhin mit unserem Los zufrieden. Nachts haben wir Gott sei Dank einen vernünftigen Bunker und tagsüber lässt es sich auch aushalten. Wir wollen gar nicht klagen, wenn nur die Post immer regelmäßig kommt und die Verpflegung erträglich ist.

In den letzten Tagen bekamen wir die Großkampfpackungen, Inhalt: Schokolade, Kekse, Bonbons, Zigaretten und Marzipan. Und das alles nur für uns drei Mann der V. B. Es wurde also in jeder Weise für uns gesorgt.

Wie geht es Euch? Was macht unser schönes Frankfurt? In der letzten Zeit habe ich nichts mehr von Terrorangriffen gehört.

Vor ein paar Tagen erhielt ich Post von Familie Plog. Sie schrieben mir sehr nett. Weiter berichteten sie mir,

---

[25] Barras = Militär

dass Walter ihnen noch nicht wieder geschrieben habe. Von Walter habe ich auch noch keine Post.

Es grüßt und küsst Euch herzlichst Euer

Klaus

Rußland, 6. März 44

Meine Lieben!

Nach überaus anstrengenden Fahrten liegen wir heute Nacht in einem kleinen Dorf. Also wieder einmal Stellungswechsel gemacht. Wir sind nun mal ein „fliegender Verein". Wir sind froh motorisierte Fahrzeuge zu besitzen, überhaupt jetzt bei diesem ungeheuren Tauwetter. Die Rollbahnen sind eine Wasserwüste. Einen trockenen Fuß bekommt der Landser hier nicht mehr. Doch harte Kämpfe stehen uns bevor. Auch diese werden wir bestehen und zwar siegreich, wie immer.

Heute bekam ich viel Post, von Euch war leider nichts dabei. Aber ein liebes Paket von Ilsekind. Ebenfalls Briefe von Oma aus Grünberg und von Frau Wagner.

Mir geht es noch gut, was ich wohl auch von Euch hoffen darf.

Es grüßt und küsst Euch herzlichst Euer

Klaus

Rußland, 11.III.44

Meine Lieben!

Seit acht Tagen habe ich nun keine Post mehr von Euch erhalten. Es beunruhigt mich besonders, weil Tag für

Tag der Amerikaner unser Frankfurt angreift. Ich hoffe ja, dass Euch nichts zugestoßen ist. Mir geht es soweit noch gut. Ich habe zur Zeit eine starke Erkältung. Wenn Ihr ein Hustenmittel erwischen könnt, schickt es mir.

Es grüßt und küsst Euch herzlichst Euer

Klaus

Russland, 13.III.44

Liebe Oma und Tante!

Seit zehn Tagen habe ich keine Post mehr erhalten. Weder von Euch, noch von meinen Eltern. Hoffentlich ist nichts passiert. Gestern kam ein Paket von Frischborn. Kuchen, Wurst und Butter waren darin. Hat prima geschmeckt.

Es grüßt Euch herzlichst Euer

Klaus

Russland, 14.III.44

Meine Lieben!

Ich habe immer noch keine Post von Euch erhalten. Trotzdem will ich Euch wieder ein paar Zeilen schreiben. In der letzten Zeit hat Frankfurt ja etwas Ruhe gehabt, soviel ich gehört habe. Es wäre Euch zu gönnen. Ich weiß, was es heißt jede Nacht vielleicht sogar ein paar Mal aus dem Schlaf gerissen zu werden. Für Vater ist es ja besonders schwer, weil er ganz bestimmt sehr wenig zu rauchen hat. Mir geht es zur Zeit genauso. Die letzten Tage waren wir fast immer im Graben. Leider war auch immer etwas los. Dabei gehen die Rauchwaren schnell zu Ende. Gestern erfuhr ich, dass der B.-Stelle wieder zwei Sturm- und Nahkampftage genehmigt worden. Damit habe ich jetzt vier. Zum Sturmabzeichen genügt das. Die strenge Kälte ist ja nun gebrochen. Das Tauwetter hat mit voller Stärke eingesetzt. Ganz Russland scheint sich in Wasser verwandeln zu wollen. Jeder Weg, ja sogar fast jedes Feld, gleicht einem großen See. Ab und zu sendet uns die Sonne ihre ersten wärmenden Grüße. Mit Macht geht es nun dem Sommer zu. Die Landser haben ihre Tarnanzüge abgelegt. Manchmal ist es schon richtig warm. Die ganze Kompanie ist mit Gummistiefeln ausgerüstet. Wir haben sie hier bitter nötig. Gestern kam unser Kompanieführer vom Urlaub zurück. Morgen kommt unser Zugführer, der die ganze Zeit die Kompanie führte, wieder zu uns auf B.-Stelle. Morgen früh 4 Uhr muss ich zum Kompanie-Gefechtsstand, von dort aus geht es per Omnibus weiter zum Varieté (mit Frauen!). Von jedem Zug geht ein Mann. Abends gegen 21 Uhr bin ich dann wieder hier. Wir haben hier ein äußerst ruhiges Leben. Meistens schlechte Sicht, richtiges B.-Stellenwetter.

Ich habe in einem Haus einen Topf mit Rinderfett gefunden. Kartoffeln sind genügend da. Den ganzen Tag werden Bratkartoffeln gemacht. Einmal mit rohen, einmal mit gekochten Kartoffeln. Wenn dann gegen Abend das Essen kommt - ist gerade jetzt besonders gut - können wir meistens nicht mehr viel essen. Auch die kalte Verpflegung ist reichlich und gut. Im Stillen muss ich mir immer noch sagen: warum kommt keine Post von Euch? Von allen anderen kommt doch Post. Hoffentlich ist Euch nichts zugestoßen. Ich warte weiterhin mit Geduld.

Es grüßt und küsst Euch herzlichst Euer

Klaus

Meine Lieben!

Gestern erhielt ich mit größter Freude, nach bald zehn Tagen qualvollen Wartens, wieder ein Lebenszeichen von Euch. Es waren drei Briefe: Zwei von Vater vom 29.2. mit Luftpost und 5.3., einer von Mutti mit Luftpost vom 4.3.44. Herzlichsten Dank. Ihr könnt Euch gar nicht vorstellen, wie mir der Felsblock vom Herzen rollte. Ich hatte Euch beinahe schon aufgegeben. Nun ist ja alles wieder in bester Ordnung. Durch die dauernden Angriffe auf Frankfurt ist es ja wohl zu verstehen. In unserer neuen Stellung habe ich wieder einen Frankfurter getroffen, der am 4.3. aus dem Urlaub kam. Was ich von ihm hörte war nicht gerade erbaulich (Er wohnt in Rüdesheim!).

Das Päckchen von Ilsekind habe ich schon erhalten, vergessen zu bestätigen. Es müssen meiner Ansicht nach noch mehrere Briefe von Euch unterwegs sein. Der letzte Brief war vom 10.2. von Euch abgeschickt. Der nächste war vom 29.2.

Es grüßt und küsst Euch herzlichst Euer

Klaus

Meine Lieben!

Heute war für mich ein ganz großer Posttag. Neun Briefe auf einmal. Und zwar von Tante vom 2.2., von Mutti vom 11.2., 26.2., und 4.3., von Vati vom 19.2., 23.2., 29.2. und 5.3., und von Walter einer vom 3.3. Habt alle herzlichen Dank. Nun zum Thema: Zuerst danke ich Euch für die herzliche Gratulation zum Gefreiten. Es ist ja sehr bedauerlich, dass die Angriffe auf Frankfurt so viele Tote gekostet haben. Da musste der kleine Dürfesner auch schon ins Gras beißen. Für die Eltern ist das ja ein schöner Verlust. Frankfurt muss ja nach Eurem Brief bald hinter Köln kommen. Hoffentlich nimmt das bald ein Ende.

Liebe Mutti, bei diesen Situationen heißt es „Kopf hoch", es geht alles vorüber, auch dieser Krieg. Wir haben hier alle ein Gefühl, als müsste der Krieg dieses Jahr zu Ende gehen. Erst heute erfuhr ich, dass Du, liebe Mutti, krank warst. Wie Walter schreibt, bist Du ja schon wieder gesund.

Es grüßt und küsst Euch herzlichst Euer

Klaus

Anbei 40,-M.

Russland, 17.III.44

Meine Lieben!

Heute war ich wieder einmal im „Kino", auf Deutsch: Eine zugige Scheune, saukalt, ein paar Bänke aus Brettern roh gezimmert, die Holzsplitter zerrissen die Tarnhose, besonders bei einem Film wie diesem, es war „Die beiden Schwestern" mit Luise Ullrich, Marina von Ditmar, Ida Wüst, Albert Florath, Georg Alexander und vielen mehr. Ich weiß nicht, ob einer von Euch es schon gesehen hat. Die Handlung ist folgende:

Zwei Schwestern, Luise Ullrich und Marina von Ditmar, stehen alleine in der Welt. Sie finden Aufnahme bei einer Frau Hempel, einer alten Freundin der Mutter dieser Töchter, die vor zwei Jahren starb. Die zwei Schwestern führten ein armseliges Dasein. Die erste war früher Tänzerin, die zweite verdiente sich ihr Geld durch Nähen. Frau Hempel (Ida Wüst) nimmt die zwei Schwestern zu sich. Sie machen dort die Bekanntschaft mit einem jungen Komponisten. Es entsteht sofort eine Liebe auf den ersten Blick mit Marina von Ditmar. Der junge Musiker verschafft beiden eine Stelle beim Ballett. Luise von Ulrich bekennt sich offen zum Tanz. Marina schwenkt wieder zum Schneiderhandwerk um. Luise macht weiter die Bekanntschaft eines Liebhabers, eines Grafen (Georg Alexander). Georg ist aber verheiratet, ein richtiggehender Casanova. Im Laufe der Handlung entstehen Zwistigkeiten zwischen den Schwestern wegen dem Musiker. Beide sind in ihn verliebt. Luise verzichtet schließlich zugunsten ihrer Schwester und lebt nur noch für ihren Beruf.

Der Film hat mir sehr gut gefallen. Sonst geht es mir mit Ausnahme eines unheimlichen Katarrhs gut. Aber auch das geht vorüber.

Es grüßt und küsst Euch herzlichst Euer

Klaus

O. U., den 29. März 1944.

Meine Lieben!

Seit drei Tagen stehen wir in zügigem Vormarsch gen Süd-Ost. Unser Ausgangspunkt war Brest-Litowsk. Von hier aus ging es kämpfend, Tag für Tag und Nacht für Nacht. Immer im Kampf, keine Minute Schlaf. In diesen drei Tagen und Nächten gingen wir mit der Infanterie. Jetzt habe ich fünf Sturmtage.

Vor mir sind drei Brücken gesprengt. Die schweren Waffen kommen nicht nach. Pioniere sind dabei, die Brücken wieder in Stand zu setzen. Wir müssen deshalb warten. Ich bin noch gesund. Wie geht es Euch? Es ist ein Wetter wie im dicksten Winter.

Es grüßt und küsst Euch herzlichst Euer

Klaus

O. U., 2.IV.44

Meine Lieben!

Vor acht Tagen konnte ich Euch das letzte Mal schreiben. Seither sind wir nur marschiert, d.h. Tag und Nacht unterwegs. Zur Zeit ist es kälter als im dicksten Winter. Manchmal scheint die Sonne wunderbar, aber ein starker eisiger Wind herrscht immer noch vor. Der Winter scheint doch erst richtig zu kommen. Wie ist das Wetter bei Euch? Waren die Flieger wieder oft da?

Inzwischen habe ich schon viele Briefe, auch Päckchen, erhalten. Herzlichen Dank. Ich will nun schließen, denn wir machen schon wieder Stellungswechsel.

Herzliche Grüße und Küsse

Klaus

O.U., am 6. April 44

Meine Lieben!

Beinahe hätte ich das diesjährige Osterfest vergessen. Es sieht hier ja nicht nach Ostern aus. Es ist noch sehr kalt, und doch blühen schon die Kätzchen. Auf diesem Wege wünsche ich Euch ein frohes, bombenfreies Osterfest. Wir liegen jetzt seit drei Tagen in einer festen Stellung. Ich habe in der Zwischenzeit allerhand Sturm- und Kampftage erworben.

Es grüßt und küsst Euch herzlichst Euer

Klaus

Ostern, 1944

Meine Lieben!

Zuerst die besten Ostergrüße von Eurem Klaus. Ich habe lange nicht mehr geschrieben. Die ganze Zeit waren wir dauernd unterwegs. Wenn man dann mitten in der Nacht in einem Dorf ankommt, hundemüde und durchgefroren. Unser erster Gedanke war: etwas aufgewärmt und dann gepennt.

Über Ostern haben wir nun das Glück in einer ruhigen und festen Stellung zu liegen, und zwar in der Nähe von Kowel-Brest. Es gab in der Zwischenzeit viele Sturm- und Nahkampftage. In der jetzigen Stellung wird je nach Belieben geschlachtet. Einmal ist es ein Schaf, einmal ein Rind oder sonst etwas.

Inzwischen habe ich wieder einige Briefe erhalten. Ein Brief fiel mir besonders auf, der von Ingelein aus Chemnitz. Auf diesem Wege übermittle ich dem glücklichen Brautpaar die herzlichsten Glückwünsche zur Verlobung. Der Bruder - in diesem Falle ich - hat genehmigt!! So langsam kann man ja wieder an Urlaub denken. Mit Anfang Juli rechne ich stark. Man weiß allerdings nicht was noch dazwischen kommen kann.

Es grüßt und küsst Euch herzlichst Euer

Klaus

Meine Lieben!

Heute erhielt ich Euren lieben Brief vom 2. des Monats aus Chemnitz. Wie ich daraus sehe habt Ihr die Verlobung ja würdig gefeiert. Nur eines fiel mir auf: War Mutti nicht mit nach Chemnitz gefahren? Es könnte ja sein, aber Mutti wird sich ja wohl diese einmalige Gelegenheit nicht entgehen lassen. Ich kann es mir sehr gut vorstellen, dass es Euch gut gefallen hat. Gern hätte auch ich mitgemacht. Inge wird wohl als glückliche Braut, wie auch Ihr, Vater und Mutter, wieder im zerstörten Frankfurt angekommen sein.

So viel ich noch von vorangegangenen Briefen in Erinnerung habe, soll hier ein Paket einlaufen. Ich glaube, es war ein Brief vom 16.3. Auch Inge schrieb mir am 29.3. aus Chemnitz wörtlich: „Deinen Magen kannst Du einstweilen auf etwas Gutes einstellen". Ich bin gespannt wie ein Flitzbogen, was dabei herauskommt.

Im letzten Brief habe ich Euch wieder zwei Päckchenmarken geschickt. Auch sind von hier aus vier Päckchen unterwegs, Inhalt: vier Pakete Tabak, zweihundert Zigaretten, vierzehn Zigarren. Lasse es Dir gut schmecken, lieber Vater. Da hat Deine Lunge mal wieder Sonntag.

Es grüßt und küsst Euch herzlichst Euer

Klaus

Meine Lieben!

Heute komme ich endlich wieder einmal dazu Euch zu schreiben. Gestern kamen hier zwei Briefe an. Einer von

---

Vater am 8.4. Ffm scheint ja nach Eurer Mitteilung stark mitgenommen zu sein. Gestern habe ich Euch ein Paket mit einem selbstgemachten Schinken geschickt.

Es grüßt und küsst Euch

Klaus

Russland, 24.4.44, 1:30 Uhr

Meine Lieben!

In unserer neuen Stellung haben wir uns wieder einmal gut eingelebt. Bei einem Landser geht das verhältnismäßig schnell. Wir liegen hier in der Nähe von Brest, auf der Karte werdet ihr den Ort aber wohl nicht finden können.

Dieses Dorf ist verhältnismäßig groß und muss sehr reich gewesen sein. Ganz besonders ist das bei dem Viehbestand der Fall. Hier liefen Kühe, Schafe, Schweine und Pferde in Massen herum. Wir haben fast alles, was wir einfangen konnten, unserer Küche übergeben. Natürlich haben wir für unseren eigenen Bedarf genügend in der Stellung zurückbehalten. Wir haben am laufenden Band geschlachtet. Einen kleinen Versuch aus unserer Räucherkammer habe ich gestern einem Urlauber mitgegeben. Lasst es Euch gut schmecken.

Bunker können wir uns in dieser Stellung keinen bauen. Es ist hier alles Sumpf. Wenn man 20 cm in die Erde gräbt, kommt das Wasser wie aus einem Brunnen hoch. Aus diesem Grunde liegen wir, das heißt unser Zug, in zwei Häusern. Innen prima sauber. Die Inneneinrichtung, bestehend aus fünf Betten, einem Tisch und der üblichen „Rundumbank", haben wir uns selbst angefertigt. Wir leben hier wie in einem Wochenendhaus. Die Wände sind von außen durch 1 m breite Balkenlagen verstärkt. Es kann uns also nichts mehr passieren. Das war eine kleine Schilderung unserer Lebensbedingungen.

Vor einigen Tagen gab es Marketenderware und zwar praktische Gebrauchsgegenstände. Pro Mann hatten wir 25-30 RM zu bezahlen. Ich konnte erwischen und musste teilweise auch nehmen: eine ledernen Brieftasche (schwarz), zwei Dosen Hautcreme, zwei Dosen Schuhcreme, ein Rasierapparat, fünfzig Rasierklingen, ein Schreibblock, ein Kamm, Briefumschläge mit Papier, Feldpostbriefe, ein Mückenstift, Kautabak, eine prima Pfeife, Hautöl, Notizblock, Tintenstifte und noch vieles mehr. Wie gesagt, der ganze Spaß kam auf 30,- RM. Was mir zu viel wird, schicke ich Euch. An Seife hat sich wieder viel angesammelt. Das Päckchen mit den Apfelschnitzen und dem Verwundetenabzeichen habe ich noch nicht erhalten. Die Post hierher geht ganz gut, aber für mich ist selten einmal etwas dabei. Bei dem Betrieb, der zur Zeit in Ffm. herrscht, kann ich das verstehen.

Wie ihr aus dem Datum ja seht, entstand dieser Brief kurz nach Mitternacht. Und das kommt so: Unsere Infanterie machte heute in den Morgenstunden einen Stoßtrupp. Wir müssen im Falle eines Falles den Rückzug decken. Ich sitze jetzt schon seit 22 Uhr hier am Telefon und warte auf den Befehl zum Feiern. Bis jetzt warteten wir alle vergebens. Vielleicht ist es diese Nacht auch nicht mehr nötig. In dieser Stellung haben wir zwei B.-Stellen. Ich bin zur Zeit in der Feuerstellung. Ich will nun schließen, sonst muss ich gar ein neues Blatt anfangen. Bald bin ich mit Urlaub dran (Anfang Juni?!).

Es grüßt und küsst Euch herzlichst Euer

Klaus

Meine Lieben!

Mit großer Freude erhielt ich heute einen Brief von Mutti mit einem Geschenkeverzeichnis von Inges Verlobungsgeschenken. Ich muss doch staunen, was es im fünften Kriegsjahr noch alles gibt. Ehrlich gesagt, habe ich den Sinn einiger Gegenstände nicht verstanden. Es handelt sich hier um rein fachmännische Ausdrücke, die mir als Laie unbekannt sind. Wenn ich in meinem Urlaub, der ja wohl nicht mehr so fern ist, wieder einmal nach dem „großen Schutt" (Ffm) komme, werde ich mir alles genau ansehen. Mir geht es soweit noch gut. Das Wetter ist hier richtig aprilmäßig.

Es grüßt Euch herzlichst Euer

Klaus

Meine Lieben!

Heute bekam ich wieder einen Brief von Euch, vom 13.4. Herzlichen Dank. Ihr macht Euch wirklich unnötige Sorgen um mich. Meine Erkältung war halb so wild. Wenn Euer Brief hier ankommt, ist die Krankheit längst vorbei. Ich bin zur Zeit quickfidel und freue mich bester Gesundheit. Am 1. Mai gehe ich zur Division zu einem Funklehrgang. Vorläufige Dauer zwanzig Tage. So ein Lehrgang ist sehr interessant, so viel ich schon von anderen Kameraden gehört habe. Sonst wüsste ich nichts Neues.

Es grüßt und küsst Euch herzlichst Euer

Klaus

Meine Lieben!

Die herzlichsten Grüße vom Funk-Lehrgang sendet Euch Euer Klaus. Seit dem 1. Mai bin ich hier bei der Division auf einem Funklehrgang. Dreißig Kilometer mussten wir, nachdem wir etliche Kilometer mit der Bahn gefahren sind, zurück. Auf typische Landserart legten wir diese dreißig Kilometer in knapp drei Stunden zurück. Und zwar erfolgte das erste fünfzehn Kilometer mit der Zugmaschine, dann nochmal zwölf Kilometer auf einem Anhänger, der voller Zement war. Wir waren weiß wie die Mehlsackträger. Aber einem Landser macht das nichts aus. Unterwegs konnten wir einer ungarischen Wachablösung beiwohnen. Für uns war das eine reine Volksbelustigung. Das war nämlich ein ganz „zackiger" Haufen!!

Nun zum Lehrgang selbst. Ich bin nun bei der Gruppe für „Fortgeschrittene". Wir haben zur Zeit Tempo 30. Ich habe doch in dem Jahr viel vergessen. Das kommt aber so allmählich wieder. Als Ausbilder haben wir hier einen Wachtmeister, der wohl dieselbe Aufgabe hat wie Walter. Der Dienst steht dem in der Kaserne um nichts nach, nur dass sie hier keine Rekruten vor sich haben, sondern alte Russlandkämpfer. Einer ist dabei, der in Erfurt mit mir auf der Stube lag. Er hat das EK II., Infanterie-Sturmabzeichen und die Nahkampfspange. Ich bin jetzt zum Sturmabzeichen eingereicht. Wenn ich jetzt vom Lehrgang zurückkomme, werde ich es wohl erhalten. Vorläufig sollen wir Ende Mai wieder entlassen werden. Wie geht es Euch? Steht Eure „Bude" noch?

Es grüßt und küsst Euch herzlichst Euer

Klaus

Meine Lieben!

Wir sitzen hier gemütlich bei Sekt. Jawohl Sekt (SEKT). Es ist ganz bestimmt eine große Seltenheit. Die Stimmung ist äußerst gehoben. Tanzmelodien heben die Stimmung um ein Erhebliches. Also kurz gesagt, es ist wieder einmal ganz groß.

Der Lehrgang geht mit unverminderter Härte vor sich. Der Dienst ist von 6:30 Uhr bis 11:30 Uhr, und von 13 Uhr bis 17:30 Uhr. Das Essen wird 1500 m weit geholt. In dieser Zwischenzeit geht die Mittagspause herum. Wir sind jetzt auf Tempo 50, d.h. in der Minute tasten wir fünfzig Buchstaben. Beinahe hätte ich etwas vergessen. Dir liebe Mutter die herzlichsten Glückwünsche zum Muttertag. Dein

Klaus

Rußland, 8. Mai 1944

Meine Lieben!

19:30 Uhr. Seit unserem Dienstschluss sind nun zwei Stunden vergangen. So langsam kann man schon wieder ans Schlafen denken. Wenn wir von unserem Dienst kommen, etwas gegessen haben und uns gewaschen haben sind schnell zwei Stunden um. Heute mussten wir die erste Hörprüfung ablegen und zwar Tempo 30, 40 und versuchsweise 50. 30 und 40 habe ich bestanden. 50 war für uns alle etwas zu schnell.

Es liegen jetzt noch ungefähr drei Wochen Ausbildung vor uns. Wenn diese Zeit vorüber ist, sind wir ein ganzes Stück weiter. Wir sitzen nun gerade um einen großen Tisch und singen Heimatlieder. Es wird einem ganz wehmütig ums Herz. Heimatlieder sind doch wunderbar.

Es grüßt Euch herzlichst Euer

Klaus

14. Mai 44

Meine Lieben!

Gestern erhielt ich wieder einen Brief von Euch. Herzlichsten Dank.

Der Lehrgang nimmt weiter seinen Fortgang. Tempo 50 ist jetzt Einheitstempo. Der Mai ist nun schon wieder halb rum. Zur Zeit ist hier ein Wetter wie im April. Einmal regnet es, ein andermal ist hier wieder das schönste Wetter. Mir geht es noch gut. Hoffentlich Euch auch.

Es grüßt und küsst Euch alle herzlichst Euer

Klaus

Im Osten, 21. Mai 1944

Meine Lieben!

Muttertag! Zum fünften Male in diesem Kriege begehen wir den Muttertag, das zweite Mal fern von Dir, liebe Mutter. Hoffentlich verbringst Du diesen Tag in bester Gesundheit. Heute ist bei uns ein Tag, seltenschön, wie es hier noch selten war. Alles blüht und grünt hier ringsumher. Selbst die Dorfbewohner haben sich sonntäglich angetan. Einen großen Unterschied von der alltäglichen Kleidung sieht man hier nicht. In fünf Tagen werde ich wohl wieder bei der Einheit sein. Dann ist wohl auch der Urlaub nicht mehr weit. Gestern bekam ich acht Briefe. Sechs von Euch, einen von Ingekind und einen von meinem „Schwager".

Es grüßt und küsst Euch herzlichst Euer

Klaus

O.U., den 1. Juni 1944

Meine Lieben!

Nun bin ich wieder bei meiner Einheit angelangt. Es waren doch schöne Tage dort. Nun bin ich wieder auf V.B. auf einem Stützpunkt. Wenn es klappt fahre ich sicher noch diesen Monat. Ich will nun schließen, denn ich muß jetzt wieder mal zum Impfen.

Es grüßt und küsst Euch herzlichst Euer

Klaus

O.U., 2. Juni 1944

Meine Lieben!

Eure Briefe vom 14. und 15.5. habe ich am 29.5. dankend erhalten. Ich habe mich sehr darüber gefreut. Der Lehrgang galt nur zur Auffrischung der funktechnischen Kenntnisse. Es hat mir dort sehr gut gefallen, nur das Essen hätte besser sein können. Füllfederhalter gibt es bei Marketenderwaren nicht. Das Sturmabzeichen wird wohl in Kürze erscheinen. Die Zeitungsauschnitte vom bombardierten Ffm. habe ich mir eingehend betrachtet. Danach ist anzunehmen, dass von Ffm. nicht mehr viel steht. Wenn ich wieder einmal auf Urlaub kommen sollte, werde ich mir das alles einmal genauer ansehen. Das

Paket habe ich einem Urlauber mitgegeben. Da nun Paketsperre ist, konnte ich es noch nicht abschicken. Es wird wohl in nächster Zeit eintreffen. Heute gab es wieder Luftpost- und Paketmarken. Ich lege sie bei. Soeben erhalte ich Euren lieben Brief vom 25.5.44. Herzlichsten Dank.

Den Muttertag habt Ihr ja hoffentlich anständig gefeiert. Ich freue mich ganz besonders, dass Du, lieber Vater, etwas von dem Paket gebrauchen konntest.

Das Wetter ist hier tagsüber teilweise unerträglich warm, nachts dagegen wieder feucht und kühl. Dem Soldaten hier ist es eigentlich gleich was nun im Laufe der Zeit alles geschieht. Er nimmt alles so hin wie es kommt. Man denkt hier nur andauernd an Urlaub. Diesen Monat wird es nichts mehr werden mit meinem Urlaub. Jeder Landser darf hier ohne Gasmaske nicht mehr herumlaufen. Alle drei Tage muss einige Stunden unter Gasmaske gearbeitet werden. Es ist ja dann kein besonderer Genuss, aber es muss sein. Die sieben Päckchen habe ich erhalten. Herzlichsten Dank. Hat prima geschmeckt. Ich habe Walter zum Geburtstag gratuliert.

Liebes Ingelein! Dem Walterchen habe ich bereits zum Geburtstag gratuliert. Ihr habt ja bald dicht zusammen Geburtstag. Walter am 1., Du am 15. Hast Du meine Karte erhalten?

Es grüßt und küsst Euch herzlichst Euer

Klaus

O.U., den 3. Juni 1944

Meine Lieben!

Heute ist nasskaltes unfreundliches Wetter. Niemand hat richtige Lust zum Arbeiten, Urlaub gibt es auch keinen. Es ist also ganz und gar besch...... Seit einigen Tagen mache ich einen zwoten Schlüsselunterricht mit.

Es grüßt und küsst Euch herzlichst

Klaus

O.U., den 4. Juni 1944

Meine Lieben!

Nun haben wir schon wieder einmal Stellungswechsel gemacht. Allerdings nur eine Kompaniebreite nach Süden, aber desto beschissener. Ich liege jetzt als V.B. auf einem ganz einsamen Stützpunkt. „Einsiedeln" haben wir ihn getauft. Es ist so der richtige Name dafür. An Urlaub ist zur Zeit noch nicht zu denken. Die Sonne scheint jetzt so warm, dass ich es hier auch noch geduldig warten kann. Schön wär es ja jetzt, d. h. einmal im Sommer zu Hause zu sein. So lange kann es ja nicht mehr dauern, dann bin auch ich wieder an der Reihe. Gesundheitlich geht es mir noch „danke". Wie geht es Euch? Was macht der Tommy? Hier merkt man gar nichts von Flugzeugen.

Es grüßt und küsst Euch herzlichst Euer

Klaus

O.U., 6 Juni 44

Meine Lieben!

Heute erhielten wir die Nachricht vom Beginn der Invasion[26]! Wir Landser haben es teils aus Selbstverständ-

---

[26] Gemeint ist Operation Overlord, besser bekannt als D-Day

lichkeit, aber auch mit Staunen vernommen. Hoffentlich geht es siegreich für uns aus, d.h.: Es muss siegreich für uns ausgehen. Wir hier im Osten halten unseren Kameraden im Westen den Daumen. Soweit es in unseren Kräften steht, werden wir unsere Stellungen schon halten. Irgendwelche Anzeichen eines Angriffs russischer Seite bestehen nicht. Kann aber noch kommen. Schreibt mir bitte einmal etwas Lieberes aus dem Westen!

Herzliche Grüße und Küsse

Klaus

Im Osten, 7. Juni 1944

Meine Lieben!

Heute bin ich mal wieder für ein paar Stunden in der Feuerstellung. Ich benutze diese Zeit um Euch wieder ein paar Zeilen zukommen zu lassen. Gerade eben hatten wir Feldgottesdienst. Ein katholischer Pfarrer hielt ihn ab. Es war wieder einmal etwas ganz anderes. Nun ist die „Invasion" in vollem Gange. Wir sind gespannt, wie die Sache ausgeht. Wir rechnen stark damit, dass Tommy seine Nase vollbekommt. Es wäre ihm sehr zu wünschen. Ihr habt ja dann auch etwas mehr Ruhe vor feindlichen Fliegerangriffen. Ich hab heute Deinen lieben Brief vom 29.5. von Dir, liebe Mutti, erhalten. Herzlichen Dank! Ich schicke mit gleicher Post ein Päckchen mit 204 Zigaretten ab. Seht zu was Ihr machen könnt. Anbei zehn Luftpost- und zwei Päckchenmarken.

Es grüßt und küsst Euch Euer

Klaus

Liebe Eltern!

Heute ist wieder ein Regentag. Die ganze Nacht schüttete es wie mit Eimern. Die Gräben stehen hoch voll mit Wasser. Wir liegen hier ausgerechnet noch in einem Sumpfgebiet. Ihr könnt Euch ja denken, wie es bei starkem Regen hier aussieht. Ich habe meinem Schwager zum Geburtstag noch rechtzeitig gratulieren können. Ein Antwortschreiben liegt hier schon vor. Herr Viehweger hat mir auch wieder einmal geschrieben. Das Paket mit dem Schinken, das ich damals einem Urlauber mitgegeben habe, liegt bei Ihm zu Hause, da Päckchensperre ist. Sowie wieder Pakete angenommen werden, rollt dieses von dort ab.

Herzliche Grüße und Küsse sendet

Klaus

Meine Lieben!

Heute erhielt ich hier in der großen Einsamkeit am A….. der Welt - wieder einmal Post. Es war dies ein Brief von Vater vom 29.5. Herzlichsten Dank!

Wenn ich mir heute diesen Brief genauer durchlese, dann kommt mir alles wie längst überholt vor. Hier habe ich ja genug Zeit genauer und intensiver über alles nachzudenken. Am Tage stehe ich meine zwei Stunden Beobachtungsposten und nachts habe ich Ruhe, d.h. von 21 Uhr bis 4 Uhr. Um 4 Uhr kommt nämlich die Stützpunktbesatzung wieder. Dann heißt es „die Platte putzen"! Bis zum Mittagessen können die Infanteristen schlafen. Es sind im Ganzen zwölf Pritschen hier und fünfzehn Mann. Also muss ich und mein Uffz. - als V.B. - schon zurückstehen! Wir tun es gern und haben auch volles Verständnis dafür.

Es ist jetzt 22 Uhr. Alles ist ausgeflogen. Diese Zeit benutze ich wieder einmal meiner brieflichen Angelegenheiten gerecht zu werden. Zuerst sollt Ihr an die Reihe kommen. Nun zu dem Brief: Mein Brief zum Muttertag kam also acht Tage zu spät. Es tut mir leid, aber ich habe so gut wie möglich ausgerechnet, es hat doch nicht ganz geklappt. War wieder mal ein Fehler meinerseits. Die kleine Zeichnung entstand innerhalb zehn Minuten. Sollte ja auch kein Kunstwerk werden, sondern nur eine kleine Erinnerung an die Zeiten in Russland.

Seit einigen Tagen ist hier ein reger Flugbetrieb. Luftkämpfe sind an der Tagesordnung, besonders in Richtung Kowel. Jedes Mal fällt einer vom Himmel. Welche Nationalität kann man von hier aus nicht feststellen. Wir machen uns weiter nichts daraus. Luftalarm gibt es hier nicht. Wir würden es sicher auch nicht beachten. Bei uns gibt es ja auch keine „Luftschutzkeller", sondern nur „Heldenkeller" wie auch im Weltkrieg 14-18.

Die sieben 100 gr.-Päckchen habe ich bereits bestätigt und am 1. Juni bereits restlos am Boden zerstört. Es hat mir ausgezeichnet geschmeckt. Inge, die zukünftige Hausfrau, kann ihre Sache schon ausgezeichnet. Ohne zu schmeicheln, Walter bekommt mal eine zackige Frau (Hab ich Recht, liebe Eltern?). Meinen selbstgemachten Schinken habe ich, wie Ihr ja wisst, einem Urlauber mitgegeben. Vor kurzem kam dieser Mann vom Urlaub zurück und berichtete mir: „Dein Päckchen liegt bei mir zu Hause. Wegen der Paketsperre konnte ich es nicht abschicken. So wie wieder Pakete rollen, geht es weg". Liebe Eltern! Ich glaube kaum, dass der Schinken verdirbt, wir hatten ihn stark geräuchert. So langsam habe ich ja auch Bedenken. Es kommt ja noch darauf an, wie lange die Paketsperre dauert. Wir wollen das Beste hoffen.

Genau so ungenau wie Inges Hochzeit ist auch zur Zeit mein Urlaub. Es ist ja auch ganz gleich. Seitdem die berühmte „Invasion" im Gange ist, hoffen wir alle auf ein baldiges Kriegsende. Lange kann es nicht mehr dauern. In Italien haben wir ja sehr schwer zu kämpfen. Das ist ja eigentlich unbedeutend. Das Hauptaugenmerk richtet sich ja jetzt wohl einstimmig nach Frankreich. Die Bahnfahrt von Brest-Litowsk nach Frankfurt würde ich jederzeit und mit Freunde unternehmen. Nach Hause würde ich unter allen noch so schwierigen Umständen fahren, darüber dürfte wohl kein Zweifel bestehen. Ich werde mir selbstverständlich je einen Fahrschein nach Chemnitz und Frischborn geben lassen. Das lasse ich mir auf keinen Fall entgehen.

Die ganze Zeit war hier ein sehr heißes Wetter. Seit gestern regnet es unaufhörlich. Es macht keinen Spaß mehr. Die Gräben stehen halb voll Wasser. Zum Glück habe ich Gummistiefel. Vor ein paar Tagen habe ich wieder 204 Zigaretten abgeschickt. Seht einmal zu, was Euer findiger Geist zustande bringt. Meinen Segen habt Ihr. Viel Erfolg! Die Rauchwaren, die ich jetzt noch erhalte, ich habe jetzt noch vier Pakete Tabak, nehme ich mit auf Urlaub. Heute habe ich meinen Geist nun fast ganz aufgebraucht. Aus diesem Grunde will ich nun schließen.

Es grüßt und küsst Euch herzlichst Euer

Klaus

Meine Lieben!

Heute erhielt ich mit großer Freude wieder einen Brief von Vater vom 25.5. Herzlichen Dank. Vaters starke Nerven in Bezug auf die Hochzeit bewähren sich wieder einmal. Ich finde bei dieser Angelegenheit gar nichts aufregendes. Auch Dir, liebe Mutti, und Ingelein rate ich nur das eine: Nur die Ruhe kann es machen (Ein altbewährter Ausspruch, kommt nicht von mir)! Sonst wünsche ich Euch vollen Erfolg zu diesem Unternehmen.
Es grüßt und küsst Euch herzlichst

Klaus

Meine Lieben!

Heute erhielt ich mit großer Freude wieder einen Brief vom 4.6 und eine Karte vom 4.6. von Inges und Ilses Taunusfahrt. Herzlichen Dank. Zu allem Anfang eine traurige Nachricht für uns wie auch für Euch: „Urlaubssperre". Was das für einen Eindruck auf uns gemacht hat, könnt Ihr Euch kaum vorstellen. Überhaupt, wenn man an dritter Stelle steht und die Tür wird einem vor dem Kopf zugeschlagen. Mit der wunderbar aufgezogenen Hochzeit Inges wird es wohl vorerst nichts werden. Walter wird sicher auch nicht fortkönnen. Ihr habt es Euch schon ganz schön ausgemalt, wie das werden soll. Leider klappt es bei mir nicht.
Mutter schreibt etwas von einer Cousine Walters. Davon war mir bis heute noch nichts bekannt. Mit Mutters Raucherkarte hast Du, lieber Vater, wirklich ein

großes Opfer gebracht. Alle Anerkennung! Sonst geht es mir noch gut.

Es grüßt und küsst Euch herzlichst

Klaus

Im Osten, 17. Juni 44

Meine Lieben!

Heute will ich Euch wieder ein paar Zeilen zukommen lassen, obwohl ich keine Post zur Zeit zu beantworten habe. Mir geht es soweit noch gut, was ich auch von Euch annehmen darf. Das Wetter ist hier wie im April. Einmal ist es glühend heiß, dann regnet es wieder in Strömen. Mir ist es im Grunde genommen gleich. Schönes Wetter ist uns aber immer noch lieber. Was macht der Tommy bei Euch? Wann steigt die Hochzeit?

Es grüßt und küsst Euch herzlichst Euer

Klaus

O.U., 26. Juni 1944

Meine Lieben!

Heute habe ich endlich wieder einmal Zeit, Eure lieben Briefe vom 9., 10., 13. und 16.6. zu beantworten. Ich habe mich sehr über die Post gefreut. Lange konnte ich nun nicht schreiben. Heute werde ich das nachholen. Auch heute ist mir nicht viel Zeit gegeben.

Seit einigen Tagen ist hier vollkommene Ruhe. Gleich beginnt man hier mit kasernenmäßiger Ausbildung, theoretisch wie praktisch. Die Urlaubssperre ist zum Teil wieder aufgehoben. Es wird wieder in einem geringen Prozentsatz gefahren. Bald werde auch ich an der Reihe sein.

Es grüßt und küsst Euch herzlichst Euer

Klaus

Meine Lieben!

Heute will ich Euch nun wieder einmal schreiben. Post habe ich noch keine hier. Dieser Brief soll nachher aber mit dem Essenfahrzeug weg. Es kann sein, dass dann Post von Euch für mich dabei ist. Ich mache zur Zeit wieder einmal einen Fernsprechlehrgang mit und zwar täglich von 10-12 Uhr am Kompanie-Gefechtsstand.

Das Wetter ist heute wieder einmal wunderbar. Gestern goss es wie mit Eimern. Wir liegen hier in Zelten. Bei Regen ganz bestimmt kein angenehmer Aufenthaltsort. Es ist einmal nicht zu ändern.

Es grüßt und küsst Euch herzlichst

Klaus

Meine Lieben!

Heute erhielt ich mit großer Freude gleich zwei Briefe von Euch. Einen vom 24.6. und einen vom 26.6.44. Herzlichen Dank.

Zuerst möchte ich Dir, lieber Vater, zu Deinem Geburtstage herzlichst gratulieren. Zur Zeit habe ich nichts an Rauchwaren hier, sonst hätte ich Dir eine kleine Geburtstagsfreude machen können. So lange kann wohl der

Krieg nicht mehr dauern. Die ROB-Sache hat für mich keinen Reiz mehr. Das, was ich eben bin, langt mir vollkommen, und ich fühle mich wohl dabei. Wenn auch Walter Merz Unteroffizier ist, lasse ihn erst mal Leutnant bei einer Schützenkompanie sein, dann hat er immer noch Zeit über seine Handlungsweise nachzudenken. Ich habe dieses Kapitel wohl für immer gestrichen. Im Urlaub werden wir uns noch näher darüber unterhalten können. Ich freue mich jetzt schon tüchtig Obst essen zu können. Ich habe wirklich lange nichts mehr gehabt. Ab und zu gehen wir hier „in die Beeren". Hier gibt es sehr viel Heidelbeeren.

Es grüßt und küsst herzlichst Euer

Klaus

O.U., 2. Juni 44

Liebe Oma und Tante!

Durch die volle Beschäftigung jeden Tag bei der Einheit war es mir bisher nicht möglich auch Euch wieder einmal zu schreiben. Heute bin ich für einen Tag beim Tross zur Erholung. Ich habe hier nichts anderes zu tun, als mich auszuruhen. Ferner ist mir Gelegenheit geboten, mich einmal gründlich zu baden, was bei diesem Wetter eine große Wohltat bedeutet. So langsam wird es jetzt Abend. Wir, ja es sind von jedem Zug zwei Mann hier, müssen uns nun langsam wieder fertig machen zur Stellung. Es war ein ganz schöner Sonntag. Vorigen Sonntag sah ich hier den Film „Die große Liebe". Es war sehr schön. Wie geht es Euch?

Herzliche Grüße,

Klaus

Meine Lieben!

Heute erhielt ich mit größter Freude wieder einen Brief von Euch. Herzlichen Dank. Mit gleicher Post kam ein Brief von Ingelein mit. Es freut mich, dass das bewusste Paket angekommen ist. Morgen wird wahrscheinlich wieder Marketenderware empfangen. Davon wird ganz bestimmt wieder etwas abfallen.

Zur allgemeinen Beruhigung sei bemerkt: Iwan ist hier vollkommen ruhig. Es besteht für Euch kein Grund zur Besorgnis. Dass er auch hier noch anfängt, ist natürlich nicht ausgeschlossen. Wir werden ihn schon gebührend empfangen, dass könnt Ihr glauben. Wie mir Inge schrieb, will mir mein Schwager die Adresse von Gretel zuschicken. Ich bin einmal gespannt, was das für ein Mädel ist. Seitdem es hier so ruhig ist gibt es bei jeder Gelegenheit Spritzen gegen Ruhr, Cholera, Typhus und was sonst noch alles in dieser Beziehung erfunden wird. Wir haben bald mehr Gift als Blut im Körper. Ich will nun schließen, denn mein Seemannsbart wünscht entlassen zu werden.

Es grüßt und küsst Euch (unrasiert) Euer

Klaus

Meine Lieben!

Ich liege hier bei 50° Celsius in der Sonne und aale mich. Der Schweiß kommt mir aus allen vorhandenen Löchern. Schon drei Tage hält diese Temperatur an. Ich bin braun wie ein Neger (stark übertrieben). Ganz so schlimm ist es ja noch nicht. Soeben haben wir zu Mittag gegessen. Es gab eine süße Nudelsuppe mit Rosinen. Da wir in einem reinen Heidelbeerfeld liegen, haben wir uns noch eine Portion in die Suppe gemacht. Das hat geschmeckt. So etwas gibt es nicht alle Tage. Ich habe Euch wieder ein Päckchen zurecht gemacht und zwar: Hundert Zigaretten, eine Dose „Nivea", jawoll, echte Nivea Creme, eine Zahnbürste und zwei Rosodont. Gestern hatten wir einen zünftigen Zugabend veranstaltet. Zur Verfügung standen drei Fass Bier. Wie es hier zuging könnt Ihr Euch leicht vorstellen. Es war ganz groß.

Es grüßt und küsst Euch herzlichst

Klaus

Im Osten, 10. Juli 44

Meine Lieben!

Heute war wieder einmal eine tropische Hitze. Schon allein vom Nichtstun kam der Schweiß aus allen Poren. Auf dem Thermometer haben wir 50° Celsius gemessen.

Wir kamen uns vor wie in Afrika. Gestern Nachmittag war ich im Varieté. Eine groß aufgemachte Sache wie damals in der Heimat war es ja nicht. Ihr könnt es glauben oder nicht, es war eine Frau dabei, jawohl eine richtiggehende deutsche Sängerin: Hanna Buschhahn vom Dresdner Opernhaus. Das war wieder einmal etwas für uns Soldaten. Sie sang Lieder und Schlager, zum Teil neuester Herkunft. Die anderen zwei Künstler waren Franz Marlik als Humorist und Zauberer ersten Ranges und als dritter Mann in diesem Bunde war Rudi Wehner mit seiner „Quetsche". Die ganze Sache war unter der Leitung der D.A.F.[27] Wie gesagt, es war ganz

---

[27] D.A.F. = Deutsche Arbeitsfront

groß. Heute Abend war ich im Kino. „Der Hochtourist" wurde gespielt. Wenn man so monatelang in Rußland steckt und sieht dann eines Tages mal einen Film, und sei es ein ganz bescheidener, so freuen wir uns riesig. Gerade eben bin ich vom Kino zurückgekommen. Ich bin froh, dass Ihr endlich den Schinken bekommen habt. Hoffentlich hat er Euch geschmeckt, denn ich nehme stark an, dass er den Weg alles Irdischen genommen hat. Zur Zeit ist hier alles ruhig. Vorgestern hat er beim rechten Nachbarn einen kleinen Angriff gemacht, bei dem er abgeschmiert wurde.

Es grüßt und küsst Euch alle Euer

Klaus

Im Osten, 12. Juli 44

Meine Lieben!

Richtige Lust zum Schreiben hat hier eigentlich keiner. Dies ist wohl an erster Stelle durch den Regen bedingt, der nun schon drei Tage ununterbrochen anhält. Dazu kommt noch, dass wir zur Zeit in Zelten hausen. Das alles kann ja einen Landser im Osten nicht mehr erschüttern.

Seit vier Tagen bekommt komischerweise keiner Post. Ich will Euch heute aber trotzdem schreiben, denn, kommt auch hier mal keine Post, so sollt Ihr doch wenigstens Nachricht bekommen. Es geht mir soweit noch gut, was ich von Euch auch hoffen darf. Hier ist die Front ruhig. Was macht der Tommy zu Hause? Hoffentlich gönnt man Euch etwas mehr Schlaf, als zu vergangener Zeit. Ich gönne es Euch von Herzen.

Eben fällt mir ein, dass Oma ja Geburtstag hat. Ihr könnt ihr die herzlichsten Glückwünsche von mir ausrichten. Ich werde aber noch einen extra Brief an Oma richten. Wie ist sonst die Lage im Westen? Schreibt mir bitte mal etwas Näheres darüber. Wir bekommen hier keine Zeitungen und haben auch kein Radio zur Verfügung.

Es grüßt und küsst Euch herzlichst Euer

Klaus

Im Osten, 15. Juli 44

Meine Lieben!

Mit großer Freude erhielt ich heute nach langer Zeit wieder einmal einen Brief (9.7.44). Herzlichsten Dank. Ich habe mich riesig gefreut. Der Inhalt hat mich ungeheuer freudig gestimmt. Aus diesem Grunde muss ich Euch direkt wieder schreiben. Dass Du, lieber Vater, von meiner letzten Sendung noch etwas hast, ist anerkennenswert (1:0 für Dich)!

Trotzdem ich ganz anständig rauchen kann, werde ich Dir weiterhin etwas zukommen lassen, ohne meine persönlichen Bedürfnisse zu schmälern. Schinken habt Ihr auch noch? Da seid Ihr aber sehr sparsam im Verbrauch. Erst heißt es immer: „Klaus, Du sollst nichts schicken"! Wenn ich dann doch etwas schicke, dann heißt es: „Klaus ist doch ein patenter Kerl". Stimmt's oder habe ich Recht? Ich weiß ja, was los ist, ich denke ja bald genauso. Ich freue mich besonders, dass es mit der Hochzeit zum klappen kommt. Mit unserem Urlaub ist es noch Essig.

Heute bekam ich ebenfalls einen Brief vom Walter vom 5.7.44. Darin gab er mir die Adresse von Gretel, der ich postwendend geschrieben habe. Mal sehen, was rauskommt. Walter schrieb mir wörtlich: „Hoffentlich hast Du auch so viel Glück wie ich!". Wenn das kein gutes Omen ist, na…!

Dr. Klee hat ja wieder einmal beinahe einen Strich durch die Rechnung gemacht. Dem würde ich mal gehörig die Meinung sagen. Dass es bei Euch jetzt, wie der Landser sagt: schaurig rund geht, kann ich wohl verstehen. Dass aber Inge die Ohren bei so einer Sache nicht steif hält, kann ich nicht verstehen. Vater ist ganz bestimmt die Ruhe selbst.

Nur eines kann ich nicht verstehen: Wie kommt Marie dazu, an der Hochzeit teilzunehmen? Da ist Mutti ganz bestimmt schuld. Sie ist eben zu gut. Nur schade, dass Sie von dem bisher Erlebten nichts dazu gelernt hat. Na, schade, dass ich nicht dabei sein kann. Du, lieber Vater, als Mann und Herr des Hauses hast in diesem Falle auch versagt. Was hat in diesem Falle „der liebe Friede" zu tun? Oma ist auch nicht so ganz „ohne"! Ich will nun schließen.

Es grüßt und küsst Euch herzlichst Euer

Klaus

Polen, 29.VII.44

Meine Lieben!

Schwere Tage liegen hinter uns. Tag und Nacht marschieren und kämpfen. Vor drei Tagen konnte ich mit knapper Not der Gefangenschaft entrinnen. Wie ein Wunder ist mir nichts passiert.

Heute bin ich schon wieder auf B.-Stelle. Heute erhielten wir zum ersten Male wieder Post, und zwar zwei Briefe von Inge und zwei von Euch, liebe Eltern. Auch heute ist die Zeit wieder äußerst kurz bemessen. Ich will deshalb schließen und verbleibe mit den herzlichsten Grüßen und Küssen. Euer

Klaus

Meine Lieben!

Heute will ich Euch wieder einmal schreiben. Heiße Tage sind hinter uns. Aber es gibt ab und zu auch immer etwas Ruhe. Eure lieben Briefe von Inges Hochzeit habe ich erhalten. Von welchem Datum diese waren, weiß ich nicht mehr. Ich habe mich sehr darüber gefreut und Frau Plog bereits geschrieben. Auch an Gretel habe ich am 15.7. geschrieben. Es kann natürlich sein, dass dieser Brief verloren gegangen ist. In diesem Durcheinander kann das schon sein. Heute ist wieder mal ein schöner Tag. Von B.-Stelle habe ich heute frei.

Es grüßt und küsst Euch herzlichst Euer

Klaus

8.8.44

Liebe Oma und Tante!

Ich habe mich sehr gefreut, wieder einmal einen Brief von Euch erhalten zu haben. Du, liebe Tante, fasst die ganze Geschichte nicht so ganz richtig auf. Ihr müsst schon entschuldigen, wenn ich in meiner knapp bemessenen Zeit nicht jedem schreiben konnte. Von Euch bekam ich ja seit dem 9. Mai - also vor vier Monaten - den ersten Brief. Wegen der Hochzeit habe ich mich noch gar nicht aufgeregt, kann mich also auch nicht abregen. Wenn Du zur Hochzeit eingeladen warst, und hast Dich dort gut unterhalten, und zwar mit jedem, warum herrscht dann gerade im engen Familienkreis solch eine Spannung?? In dieser schweren Zeit könntet Ihr Euch doch gewiss vertragen. Wenn Ilse Hartmann auf der Hochzeit war, so wird sie wohl genauso wie Du eingeladen worden sein. Ob sie sich nun als „Dame" benommen hat oder nicht, interessiert mich weniger.

Klaus

Ostrow, 15.8.44
Feldlazarett

Meine Lieben!

Am 13.8. bekam ich hohes Fieber. Unser Sani nahm mich gleich mit zum Truppenverbandsplatz. Dort lag ich die Nacht über. Am anderen Morgen hatte ich immer noch eine Temperatur von 39,6°. Mit dem Panjefahrzeug wurde ich dann zum Hauptverbandsplatz gebracht. Hier bekam ich erst einmal Mittagessen, Zigaretten und Schokolade. Am Nachmittag ging es weiter zum Feldlazarett nach Ostrow. Zuerst war ich malariaverdächtig, stellte sich aber später als fieberhafter Infekt heraus. Zur Zeit fühle ich mich etwas besser als am ersten Tag. Das Fieber hat nachgelassen, und Appetit habe ich auch wieder. Gestern Abend bekam ich noch eine halbe Schale Pudding mit Himbeersaft, wieder Zigaretten und Bonbons. Heute Morgen gab es Kaffee und Weißbrot und Butter und Marmelade. Das wäre soweit das Neueste.

Es grüßt und küsst Euch herzlichst Euer

Klaus

Meine Lieben!

Heute fühle ich mich etwas besser als an den vergangenen Tagen. Die Befunde für Malaria sind alle negativ verlaufen. Ich werde wohl in den nächsten Tagen wieder entlassen werden. Hier hat der Landser so alles, was ihm ab und zu einmal gut tut: ein weißes Bett und gutes Essen. Wie geht es Euch? Wie fühlt sich Inge als frischgebackene Ehefrau? Und Vater ist wohl immer noch der alte, den nichts aus der Ruhe bringen kann, wenn er was zu rauchen hat. Ich habe selbst nichts!
    Herzliche Grüße Euer

Klaus

Pleschen, 20.8.44

Meine Lieben!

Nun bin ich hier in Pleschen, in Westpreußen, gelandet. Es ist hier ein wunderbares Lazarett. Schöne weiße Betten. Sämtliche Räume sind frisch geweißt. Mit einem Wort: Hier lässt es sich wohl aushalten! Ich liege hier eigentlich nur zur Beobachtung. Ob es noch Malaria gibt, soll sich erst noch herausstellen.
    Es grüßt und küsst Euch herzlichst Euer

Klaus

Meine Lieben!

Nun liege ich hier schon zwei Tage in Pleschen im Lazarett. Dauernd wird uns, wir sind hier vierzehn Mala-
riakranke, Fieber gemessen, Puls gefühlt, Blutsenkun-
gen und Blutabnahmen gemacht. Die Tage sind sehr
heiß, und uns Fieberkranken fällt es besonders schwer.
Uns läuft das Wasser, wie es nur will. Wir sind richtig
fertig.

Heute bekamen wir Löhnung, unter anderem auch
Rauchware für zwölf Tage. Rauchen dürfen wir nicht,
aber einige Zigaretten habe ich noch.

Es grüßt und küsst Euch herzlichst Euer

Klaus

Pleschen, 23.8.44

Meine Lieben!

Seitdem ich hier im Lazarett liege, wird mir die Zeit
bald zur Ewigkeit. Hätten wir hier keine Bücherei, ich
glaube, wir wüssten nicht, wie wir die Zeit totschlagen
sollten. Schlafen kann man ja auch nicht den ganzen
Tag. Die Nacht ist uns sowieso schon zu lang. Diese
freie Zeit nutze ich um meinen brieflichen Verpflich-
tungen nachzukommen.

Es ist mir allerdings nur möglich, wenn die Temperatur unter 37° steht. Bei mir ist es ganz sonderbar:
Morgens habe ich 36° oder noch weniger, abends fast
durchschnittliche 38-39°. Die Ärzte stehen hier bald vor
einem Rätsel. Keiner weiß, was ich habe. Dauernd
macht man hier Experimente mit mir. Resultat: Blut und
alles, kurz: der ganze Kerl ist ungesund. Sämtliche Ab-

striche negativ; und doch dauernd Fieber. Aufstehen darf ich noch nicht.

Es grüßt und küsst Euch herzlichst Euer

Klaus

Liebe Eltern!

Die herzlichsten Grüße aus Pleschen sendet

Klaus

Mir geht's gut!

Pleschen, 26.8.44

Meine Lieben!

Die Zeit erlaubt es mir, jetzt öfters zu schreiben. Mir geht es soweit ganz gut. Nur gegen Abend nimmt die Temperatur wieder zu. Dieser Zustand wiederholt sich jeden zweiten Tag. Das Essen ist prima. Nur Weißbrot und Brötchen, zweimal Frühstück und nachmittags Kaffee. Hat Walter schon von der Front geschrieben? Ich will nun schließen, in der Hoffnung, bald Post von Euch zu erhalten.

Es grüßt und küsst Euch herzlichst

Klaus

Pleschen, 27. Aug. 44. (Sonntag)

Meine Lieben!

Nun liege ich schon acht Tage hier im Lazarett. Ich fühle mich wieder gesund. Und doch, wenn ich aufstehe, meine ich die Welt dreht sich wie im Karussell. Das ist die Schwäche, mit der wir hier alle noch zu kämpfen haben. Aufstehen soll ich noch nicht, aber trotzdem versuche ich es jeden Tag für ein paar Minuten. Heute ist Sonntag. Zur Feier des Tages gab es Gänsebraten. Jawoll. Gänsebraten. Das war ein Essen!
Es grüßt und küsst Euch herzlichst Euer

Klaus

7.9.44

Meine Lieben!

Am 30.8.44 kam, nachdem ich zwei Tage aufgestanden war, ganz plötzlich meine Entlassung, zur Feldtruppe. Heute, am Abend des 7.9. bin ich glücklich bei meiner Einheit gelandet. In jeder Stadt in der wir Station machten, natürlich nach der Bahnfahrt, machten wir einen drauf. Wir haben die paar Tage nochmal anständig gelebt. In der ersten Zeit fühlte ich mich sehr schwach. Bei jeder Gelegenheit brach ich in Schweiß aus.
Heute geht es mir wieder ausgezeichnet. Als ich hier ankam, drückte man mir nicht weniger als fünfzehn Briefe in die Hand. Von Euch waren wohl die meisten. Einer war von Walter, einer von Marie, und zwei für Gretel kamen zurück. Der Brief von Marie ist einer Extrabeantwortung würdig. Dazu muss ich mehr Zeit haben. In meiner Kompanie sind viele liebe Kameraden

nicht mehr unter uns. Schade um jeden. Der Russe ist dauernd am Trommeln.

Es grüßt und küsst Euch herzlichst

Klaus

Meine Lieben!

Nun bin ich schon wieder drei Tage beim „alten" Haufen. Ich habe mich schon wieder richtig eingelebt. Gleich am ersten Tag begrüßte mich „Iwan" mit vollen Tönen (Kleines Trommelfeuer). Seit dem war es ruhig bis jetzt. Ein paar Mal war ich schon wieder nachts auf Störungssuche. Wie gesagt, die alte Leier hat wieder angefangen. Heute haben wir ein Kalb geschlachtet. Wollt Ihr die Hälfte davon haben? Da könntet Ihr wohl lachen!! Ich habe mich schon feste drangehalten (Dreimal täglich zwei Pfund Kalbsschnitzel). Von mir aus braucht die Feldküche nicht mehr zu kommen. Seht mal auf der Karte nach ob Ihr Ostenburg oder Markheim-Makow findet. Da bin ich jetzt ungefähr. Anbei eine Urkunde.

Es grüßt und küsst Euch herzlichst

Klaus

Im Lazarett, 15.IX.44

Liebes Muttchen!

Am 11.9. um 18 Uhr hat es mich erwischt. Ich habe nur kleine Splitter im linken Oberarm, im Rücken und rechten Oberschenkel. Diese drei Einschüsse sind nicht größer als eine Erbse. Bitte nicht aufregen, versprich mir das. <u>Schreibt mir bitte nicht!!!</u> mehr, da ich vielleicht verlegt werde. Ich gebe Euch laufend Nachricht.

Nun, liebes Muttchen, auf diesen Schreck sendet Dir Dein Klaus die allerherzlichsten Glückwünsche zu Deinem Geburtstag. Dein

Klaus

(Nicht aufregen!)

Im Lazarett, 18.9.44

Meine Lieben!

Vor ein paar Tagen teilte ich Euch mit, dass ich verwundet bin. Heute will ich Euch nun berichten, wie das alles kam.

Am 11.9. um 16 Uhr kam das Mittagessen in die Feuerstellung. Nachdem ich gegessen hatte, nahm ich die Kochgeschirre für die B.-Stelle und ging mit noch einem Kameraden dorthin. Der Weg verlief glatt. Wir hatten keinerlei Beschuss. Fünfzig Meter vor unserem Ziel gibt es auf einmal einen Knall und zwar einen großen. Ich bekomme einen Schlag in den Rücken, lasse die Kochgeschirre fallen und kippe selbst um. Sogleich fühle ich mit meiner Hand auf den Rücken. Sie ist voll Blut. Nun drehe ich mich um, um nach meinem Kameraden zu sehen. Er liegt da und rührt sich nicht mehr: tot. Nun rufe ich nach meinen Kameraden auf der B.-Stelle, die auch gleich vollzählig erscheinen, sogar der Zugführer ist dabei. Sie tragen mich nun in einer Zeltbahn zu sich in den Unterstand. Ein Sani von der Infanterie verbindet mich. Zuerst musste ich natürlich eine Zigarette haben, bei der es natürlich nicht bleibt. Eine

——
146

Zigarette beruhigt in diesem Fall kolossal. Gegen Abend kam ich dann zum HVP. Jetzt geht es mir wieder ganz gut.

Es grüßt und küsst Euch herzlichst

Klaus

22.9.44

Meine Lieben!

Nun liege ich schon zehn Tage hier in diesem Lazarett. Mit dem nächsten Lazarettzug werde ich wohl in die Heimat fahren. Dann könnt Ihr mich einmal besuchen. Ich habe einen furchtbaren Hunger nach Obst. In Deutschland können ja Päckchen geschickt werden. Sonst geht es mir noch gut.

Es grüßt und küsst Euch herzlichst Euer

Klaus

Zichenau, 24.9.44

Liebe Mutti!

Heute ist nun Dein Geburtstag. Dieses Mal konnte ich Dir nichts Gutes bescheren. Ich hoffe ja, dass Du über diesen Fall schnell hinweggekommen bist. Es ist ja weiter nicht schlimm. Mir geht es schon wieder ganz gut. Nur laufen kann ich noch nicht, mein rechtes Bein macht noch nicht mit.

Es grüßt und küsst Euch herzlich Euer

Klaus

Meine Lieben!

Sehr langweilig gehen hier die Tage herum. Man weiß nicht, was man treiben soll. Es gibt hier keine Zeitungen, keine Bücher, kein Radio, also rein gar nichts. Den ganzen Tag schlafen kann man auch nicht. Jeden Tag kommen neue Verwundete. Die Gesunden gehen ab. Vor genau vierzehn Tagen ging der letzte Lazarettzug in die Heimat. Wir warten jeden Tag auf den nächsten. Sonst geht es mir gut.

Es grüßt und küsst Euch Euer

Klaus

Meine Lieben!

Nun liege ich schon vierzehn Tage hier in diesem Feldlazarett. Man versucht hier die Verwundeten mit aller Gewalt gesund zu machen. Bei mir haben sie wenig Glück. Durch meine Verwundung im Rücken, kann ich sehr schlecht laufen. Besonders mein rechtes Bein macht nicht so richtig mit. Ich habe kein Gefühl darin. Gestern Abend kam der Nervenarzt der Abteilung zu mir. Heute soll ich einmal zu ihm kommen. Bin gespannt, was daraus wird.

Gestern war ich zum ersten Mal aufgestanden. Es waren zwar nur dreißig Minuten, aber es hatte mir gelangt. Es wurde mir auf einmal ganz schwarz vor Augen, so dass ich mich gleich wieder hinlegen musste. Ich denke, dass meine Genesung noch einige Wochen bedarf. Sonst geht es mir gut. Schreibt mir bitte einmal. Es sieht hier bald so aus, als käme kein Lazarettzug mehr. Vielleicht liegt es auch daran, dass die Front verhältnismäßig ruhig ist. Dieses Lazarett ist so ziemlich voll. Es kann schon niemand mehr aufgenommen werden. Schreibt mir bitte einmal.

Es grüßt und küsst Euch herzlichst Euer

Klaus

Sehr geehrter Herr Heine!

Auf Ihren gestern eingetroffenen Brief vom 17.9. teile ich Ihnen mit, dass Ihr Sohn Klaus am 8.9. aus dem Lazarett zur Truppe zurückkehrte. Er wurde dann am 11.9.44 verwundet und kam erneut zum Lazarett. Er hat Granatsplitterverletzungen im Rücken und am linken Oberarm davongetragen. In welchem Lazarett sich Ihr Sohn jetzt befindet, kann ich Ihnen leider nicht angeben. Vermutlich hat er aber inzwischen selbst geschrieben.

Bruns
Oberleutnant u. Kompanieführer

Zichenau, 28.9.44

Meine Lieben!

Soeben bin ich etwas aufgestanden. Ich sitze jetzt hier am Tisch und schreibe diesen Brief. Es ist mir richtig warm. Der Schweiß kommt mir schon wieder aus sämtlichen Knopflöchern. Ich glaube, ich muss mich etwas mit dem Schreiben beeilen, denn so lange halte ich es nicht aus. Das ist sicher nur Schwäche bei mir, wenn man nach vierzehn Tagen festem Liegen wieder einmal aufsteht. Aber ich tue es gern, ein paar Zeilen an Euch zu schreiben, denn Ihr wollt ja wissen, was mit mir los ist.

Heute soll ich geröntgt werden, denn der Splitter an der Wirbelsäule steckt noch. Die Ärzte haben hier wohl keine Courage ihn zu entfernen. Die Wunde an der Schulter heilt sehr langsam, man kann bald sagen schlecht. Nun muss ich aber Schluss machen.

Es grüßt und küsst Euch herzlichst

Klaus

Kreuzburg, 1. Okt. 44

Meine Lieben!

Gestern Abend um 21 Uhr kam unser Lazarettzug hier in Kreuzburg/Oberschlesien an. Heute ist nun Sonntag. Schon früh am Morgen holte man mich zum Verbinden. Es war aber zum Aushalten. Die Wunden eitern stark.

Hier bin ich bis jetzt gut aufgenommen worden. Die Schwestern sind alle in Ordnung. Auf jedem Zimmer ist Radio. Heute Morgen ist schon der erste Besuch hier.

Wenn es möglich ist, könnt Ihr mir gelegentlich einmal etwas Obst schicken? Sonst hätte ich nichts Neues.

Es grüßt und küsst Euch herzlichst Euer

Klaus

Meine Lieben!

Nun liege ich schon drei Tage in diesem Lazarett. Es gefällt mir hier ganz gut. Unsere Stubenschwester ist in Ordnung. Es geht hier sehr lustig zu. Der Arzt, Dienstgrad „Feldwebel", lässt sich nur selten sehen. Das Essen ist ganz gut. Am Sonntag war die NSV[28] hier. Jeder bekam einen hohen Teller voll Kuchen. Hat tadellos geschmeckt. Es war noch richtiger Friedenskuchen. Unsere Bude ist eine ganz wüste Bande. Die Schwester macht aber jeden Spaß mit.

Es grüßt Euch herzlichst

Klaus

Kreuzburg, 6.X.44

Meine Lieben!

Gestern bin ich geröntgt worden. Mal sehen, was rauskommt. Jetzt liege ich schon beinahe einen Monat fest. Meine Schulterwunde heilt gut. Die Wunde im Rücken ist beinahe zu. Wenn festgestellt wird, dass der Splitter im Rücken noch steckt, werde ich wohl nochmal unters Messer müssen. Der Arzt nimmt es mit der Visite nicht ganz so genau. Es sind ja auch alles alte Insassen, die schon Monate hier sind. Mir geht es soweit ganz gut.

Es grüßt und küsst Euch herzlichst Euer

Klaus

---

[28] NSV = Nationalsozialistische Volkswohlfahrt

Meine Lieben!

Nach drei schweren Tagen fühle ich mich heute wieder etwas wohler. Ganz plötzlich bekam ich hohes Fieber. Keinen Appetit, bald Schüttelfrost, bald große Hitze. Das ging so drei Tage. Jeden Tag hatte ich einen unheimlichen Stuhlgang. Die Därme wurden aber nicht leer. Gestern Nacht konnte ich kräftig Luft ablassen.

Heute fühle ich mich wie neugeboren. Heute Morgen nehme ich noch einmal Rizinus. Dann werde ich wohl etwas Ruhe haben. Sonst geht es mir noch gut. Ich habe bis jetzt noch keine Post von Euch. Dauernd höre ich von den Einflügen feindlicher Verbände über Westdeutschland.

Es grüßt und küsst Euch herzlichst Euer

Klaus

Kreuzburg, 16.10.44

Meine Lieben!

Heute erhielt ich mit größter Freude zwei Briefe und ein Päckchen von Euch. Habt herzlichsten Dank. Die Plätzchen haben tadellos geschmeckt. Die Briefe die Ihr an meine alte Einheit geschickt habt, werden wohl alle zurückgehen. In Deutschland bin ich jetzt, aber immer noch nicht weit genug. Zu einem Besuch wird es wohl nicht langen. Wenn Ihr doch einmal kommen wollt, fahrt Ihr bis Breslau und dann weiter nach Kreuzburg. Ich habe einige Fotos von Kreuzburg gekauft. Ich kann sie Euch nicht schicken, sonst kommt dieser Brief wieder zurück. Eine Verlegung findet nur für Amputierte statt. Der Granatsplitter im Rücken sitzt direkt in der

Wirbelsäule. Die Wunde ist schon verheilt. Der Ischias-
nerv muss bei mir auch noch getroffen sein. Ich habe
furchtbare Schmerzen in der Lendengegend, die bis zum
Knie ziehen. Ein Heimatschuss ist es nicht, das heißt
wenn kein Bein steif wird. Habt Ihr schon einmal
Ischias gehabt? Ja? Dann wisst Ihr wie es mir ist. Meine
Malaria ist ohne Rückfall auskuriert. An Gretel konnte
ich die ganze Zeit nicht schreiben, da ich die Anschrift
nicht wusste.

Jetzt werde ich es natürlich sofort tun. Mit meiner
Stubenschwester stehe ich gut. Ihr habe ich zu verdan-
ken, dass ich Zusatz bekomme und morgens und abends
statt Brot Brötchen. Hier gibt es täglich zwei Zigaretten.
Mehr brauche ich wohl nicht zu sagen! Könnt Ihr mir
mit der Urkunde ein Sturmabzeichen besorgen? Ich
bekam nämlich damals nur die Urkunde.

Die Nachricht vom Heldentod Heinz Franz ist mir
nahe gegangen. Für die Eltern war es ganz bestimmt
kein leichtes gewesen sein. Nora hat sich wohl auch
unter die Ehehaube begeben. Dann wäre ja wohl in dieser Angelegenheit alles in Ordnung.

Der Splitter in der Wirbelsäule steckt noch, da die
Wunde nicht eitert. Sollten jedoch Beschwerden eintre-
ten, dann muss er raus. Dann muss ich noch zum Nervenarzt und zum Zahnarzt und dann komme ich auf
Urlaub. Wenn meine Verwundung acht Wochen und
länger dauert, dann komme ich zum Ersatzhaufen. Von
Fliegerangriffen merken wir nichts, ab und zu kommt
einmal Fliegeralarm, der hier sehr gleichgültig aufgenommen wird.

Es grüßt und küsst Euch herzlichst Euer

Klaus

Hier sind furchtbar viel Fliegen.

Meine Lieben!

Heute habe ich mit großem Staunen schon das angesagte Apfelpaket erhalten. Herzlichsten Dank. Die Äpfel waren noch alle gut erhalten. Ich habe gleich die Hälfte gegessen. Mit gleicher Post kam ein Brief von Mutti und Vati, von Inge und von Familie Plog. Seit drei Tagen bekomme ich regelmäßig Post. Das freut einen doch. Deshalb schreibe ich Euch auch so oft, wie ich nur kann. Viel Lust habe ich heute nicht zum Schreiben.
Es grüßt und küsst Euch herzlichst Euer

Klaus

Meine Lieben!

Heute erhielt ich Eure lieben Zeilen vom 14.10. Herzlichsten Dank. Ich freue mich über jeden Brief von Euch ungemein. Meine Beine kann ich bewegen. Mein rechtes ist nur taub. Bis jetzt bin ich noch nicht operiert worden. Seit ein paar Tagen habe ich furchtbare Rückenschmerzen. Ich kann mich im Bett nur schwer bewegen. Es ist nicht unbedingt nötig, dass Ihr mich besuchen kommt. Ich bin schon zufrieden, wenn ich Nachricht von Euch habe. Wenn ich wieder gesund bin, komme ich ja auf Urlaub. Hier auf der Stube liegen nur Beinverletzte. Oberschenkel-Schußbruch, linkes Bein amputiert, Beckenschuß, Ferse zertrümmert. Das wäre das wesentlichste.
Es grüßt und küsst Euch herzlichst, Euer

Klaus

Meine Lieben!

Entschuldigt bitte, wenn ich einige Tage nichts von mir hören ließ. Ich habe einige Tage durchgemacht, die mir wenig Lust zu irgendeiner Tätigkeit verliehen. Heute geht es mir mit Hilfe von Vitamintabletten wieder etwas besser. Gestern erhielt ich einen dicken Brief. Sonst geht es mir gut.

Es grüßt und küsst Euch herzlichst Euer

Klaus

Kreuzburg, 26.10.44

Meine Lieben!

Heute erhielt ich einen lieben Brief vom 20.10. Herzlichen Dank. Das zweite Apfelpaket ist gestern hier angekommen. Die Äpfel sind schon alle verzehrt. Die Briefe, die Ihr an die Einheit geschickt habt, habe ich hier in einem dicken Brief erhalten. Ich hatte es Euch schon einmal geschrieben, Dr. Adam hat schon recht wenn er meint, dass eine Operation erst in Frage kommt, wenn Beschwerden auftreten. Der Splitter sitzt tatsächlich in der Wirbelsäule. Bekanntlich ist die Wirbelsäule in der Lendengegend nur dünn bezogen. Meine Wunde ist tadellos verheilt.

Nun kommt die logische Sache: Ein Fremdkörper sitzt im eigenen Fleisch. Das Blut ist nicht damit einverstanden. Folglich entsteht ein Kampf an dieser Stelle. Der Körper versucht diesen Splitter auszuscheiden, bei mir hat sich nun wie erwartet ein Abszess gebildet. Wenn die Sache gereift ist, komme ich unters Messer. Mein Ischias stammt natürlich von dem Splitter in der

Wirbelsäule. Ich bekomme jeden Tag drei Tabletten Vitamin B und abends zwei Schmerz- oder Schlaftabletten. Mein rechtes Bein ist immer noch taub. Unser Doktor nimmt an, dass der Splitter auf einem Nerv liegt, der zum Bein führt. Sonst geht es mir gut.

Es grüßt und küsst Euch herzlichst Euer

Klaus

Kreuzburg, 28.X.44

Meine Lieben!

Eigentlich habe ich heute keine rechte Lust zum Schreiben wegen meiner dauernden erhöhten Temperaturen. Aber heute kamen wieder zwei Briefe von Euch, und ein Glas prima Gelee, wofür ich Euch herzlichst danke. Durch das dauernde Liegen wird der Darm träge, so dass der Stuhlgang nicht so funktioniert wie es sein soll. Dem kann aber abgeholfen werden.

Es lässt sich jetzt in der ganzen Stube nicht mehr verheimlichen, dass ich der Lieblingspatient unserer Schwester bin. Seit einigen Tagen ist es mir nicht mehr möglich auf dem Rücken zu liegen, da der Abszess zu groß geworden ist. Der Splitter sitzt fest in dem Knochen, Die Ischiasschmerzen sind wie verschwunden. Gott sei Dank! Es ist sehr traurig, dass bei fünf Leuten in einer Hausgemeinschaft Unstimmigkeiten auftreten. Für Ingelein Plog schicke ich heute ein Hochzeitsgeschenk ab (Wird nicht zurückgenommen). Gretel Perl habe ich heute geschrieben (Hamburger Adresse).

Es grüßt und küsst Euch herzlichst

Klaus

Meine Lieben!

Am 30.10. bin ich operiert worden, d.h.: Der Abszess im Rücken, etwa hühnereigroß, wurde gespalten. Der Versuch, den Splitter zu entfernen, misslang. Grund: Der Splitter sitzt zu tief. Die Wunde ist ungefähr 6-7 cm lang und 1 cm tief. Der Schnitt läuft von NO nach SW, nicht längs der Wirbelsäule von N-S. Nun läuft der Eiter hemmungslos. Jeden Tag muss ich frisch verbunden werden. Sonst geht es mir gut.

Es grüßt und küsst Euch herzlichst

Klaus

Kreuzburg, 5.XI.44

Meine Lieben!

Heute erhielt ich Euren lieben Brief vom 29.11. Herzlichen Dank. Die dauernden Angriffe auf Ffm. machen mir etwas Sorgen. Um mich braucht Ihr Euch vorläufig keine Sorgen machen, ich bin hier gut aufgehoben. Unserem Arzt kommt es nicht so auf das K.V.[29] an. Der schickt so schnell keinen weg. Ich nehme fest an, um Weihnachten herum auf Genesungsurlaub zu sein. Seitdem der Abszess geöffnet ist, läuft der Eiter hemmungslos. Es besteht die Möglichkeit, dass dadurch der Splitter hochkommt.

Ich werde jeden Tag frisch verbunden und zwar bekomme ich einen feuchten Verband. Die Wundbehandlung ist äußerst schmerzhaft. Wenn ich schon die Pinzette sehe, dann habe ich schon genug, aber es muss

---

[29] K.V. = kriegsverwendungsfähig

sein. Eine Verlegung zu erreichen, würde für mich keine Schwierigkeiten bereiten. Ich habe mich hier so eingelebt, dass es mir schwer fällt hier abzuhauen. Unternehmt von Euch aus in diesem Falle nichts. So schlimm wie Ihr meine Verwundung schildert, ist sie nicht. Im Feldlazarett und auch hier, wenigstens in den ersten acht Tagen, bin ich schon wieder herumgelaufen. Ich wäre auch jetzt dazu im Stande. Nur die Schwäche durch das lange Liegen hindert mich daran.

Du bist, lieber Papa, jetzt auch beim Volkssturm. Viel Soldatenglück!!

Es grüßt und küsst Euch herzlichst Euer

Klaus

Kreuzburg, 9.XI.44

Meine Lieben!

Ich habe seit acht Tagen keine Post mehr von Euch. Ich bin sehr in Sorge. Mir geht es gut. Gestern bekam ich das Verwundetenabzeichen in Silber[30].

Es grüßt und küsst Euch

Klaus

Kreuzburg OS, 13.XI.44.

Meine Lieben!

Es geht mir gut! Ich bekomme fast gar keine Post mehr von Euch! Jeden Tag warte ich auf eine Nachricht von

---

[30] Gab es nur bei drei- oder vierfacher Verwundung

Euch, aber immer vergebens. Ich bin hier gut aufgehoben.

Es grüßt und küsst Euch herzlichst Euer

Klaus

Bad Tölz, 19.XI.44

Meine Lieben!

Am 15. November wurde ich ganz plötzlich mit insgesamt zwanzig Mann unseres Lazaretts verlegt. Morgens um 8 Uhr wurden wir mit LKWs zum Bahnhof gefahren, wo schon ein Lazarettzug für uns bereitstand. Die Fahrt ging über die Städte Breslau-Prag-Pilsen-Wien-Regensburg-München-Rosenheim.

Von Rosenheim aus wurden die einzelnen Verwundeten auf die Lazarette der Umgebung verteilt. So bin ich hier nun in Bad Tölz, einem Kurort in Oberbayern.

Herzliche Grüße,

Klaus

Bad Tölz, 23.XI.44

Meine Lieben!

Jetzt liege ich schon bald acht Tage hier in diesem Lazarett. Fast der ganze Transport, der hierher ging, klagt über Magen- und Darmkatarrh. Ich konnte die ganzen Tage nichts essen. Obwohl man mir alles Mögliche zusteckte, ich musste es immer wieder von mir geben. Dieses Lazarett ist sehr schön, vor allen Dingen sehr groß, ungefähr 3.000 Mann. Auf jeder Station ist ein Stabsarzt und unzählige Unterärzte. Wenn meine Wunde etwas mehr zugeheilt ist wird der Splitter entfernt. Es grüßt und küsst Euch herzlichst

Klaus

Bad Tölz, 27.XI.44.

Meine Lieben!

Wir haben hier Tag und Nacht Alarm. Uns in den Betten geht das nichts an. Dauernd sind schwere Bombenangriffe auf München. Wir hören immer die Detonationen der Bomben. Sonst geht es mir gut.

Wie geht es Euch? Ich bin sehr in Sorge! Steht denn Eure Wohnung noch, oder musstet Ihr schon flüchten?

Es hofft auf baldige Nachricht Euer

Klaus

Bad Tölz, 30. Nov. 44

Meine Lieben!

Heute erhielt ich drei Briefe von Euch, und zwar alle über Kreuzburg nachgeschickt. Herzlichsten Dank.

Seit dem 18.11. befinde ich mich hier nun in Bad Tölz. Von München noch 52 km entfernt. München wird nun Tag und Nacht angegriffen. Also ist auch bei uns dauernd Alarm. Hier im Lazarett geht trotzdem alles seinen geregelten Gang.

Mutter meint nun an Weihnachten bin ich zu Hause. Zuerst muss die jetzige Wunde etwas verheilt sein. Das dauert bis gut 1. Januar. Dann kommt die Hauptoperation. Das abermalige Verheilen und Laufenlernen. Vielleicht noch Nervenbehandlung und Zahnbehandlung. Bis dahin vergeht noch geraume Zeit.

Es grüßt und küsst Euch herzlichst

Klaus

1. Advent 44
Sonntag, 2. Dez 44

Meine Lieben!

Nun ist schon wieder die Adventszeit herangerückt. Als ich verwundet wurde war es Spätsommer, jetzt liegt Schnee. Wie schnell doch die Zeit vergeht. Über Weihnachten werde ich wohl noch hier liegen. Gerade eben wird Alarm gegeben! Wir bleiben hier liegen. Bad Tölz soll eine offene Lazarettstadt sein. Mit dem Besuch ist das so eine Sache. Man darf nur drei Tage hier bleiben. Besuchszeit täglich von 14-17 Uhr. Also: Besuch lohnt sich nur, wenn der Patient laufen kann. Sonst geht es mir gut.

Herzliche Grüße,

Klaus

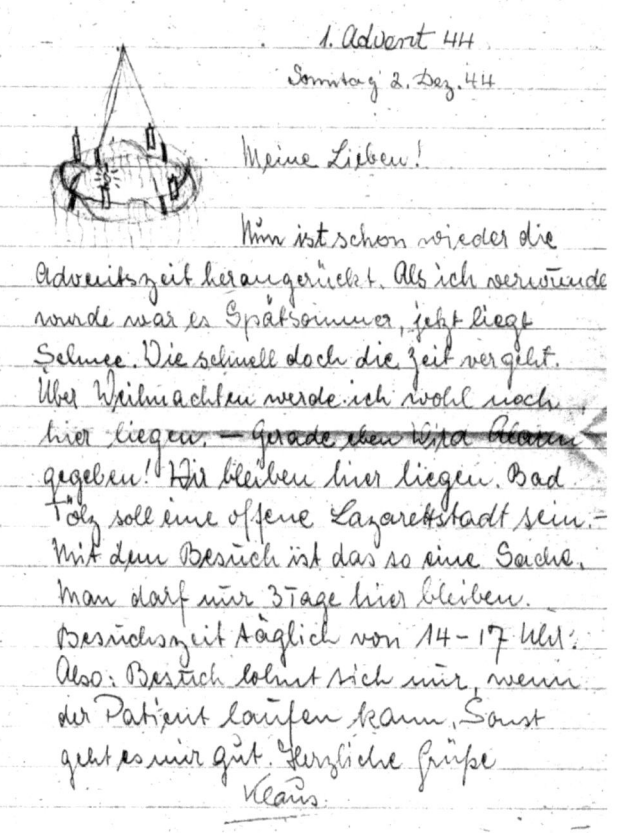

1. Advent 44

Sonntag 2. Dez. 44

Meine Lieben!

Nun ist schon wieder die Adventszeit herangerückt. Als ich verwundet wurde war es Spätsommer, jetzt liegt Schnee. Wie schnell doch die Zeit vergeht. Über Weihnachten werde ich wohl noch hier liegen. — Gerade eben wird Alarm gegeben! Wir bleiben hier liegen. Bad Tölz soll eine offene Lazarettstadt sein. — Mit dem Besuch ist das so eine Sache. Man darf nur 3 Tage hier bleiben. Besuchszeit täglich von 14 – 17 Uhr. Also: Besuch lohnt sich nur, wenn der Patient laufen kann. Sonst geht es mir gut. Herzliche Grüße

Klaus.

Dies ist Klaus' letzter Brief, danach bricht der Kontakt plötzlich ab. Was aus ihm wurde ist heute leider nicht mehr zweifelsfrei festzustellen. Da er aber schon einen Monat zuvor, am 15.11., das Lazarett in Kreuzburg offensichtlich wegen eines Angriffs verlassen musste, und auch danach wieder von Angriffen schreibt, kann man davon ausgehen, dass es einen weiteren schweren Angriff gab, den Klaus Heine nicht mehr überlebte!

Nachwort des Herausgebers

Wenn ich mir heute alte Fotos und Filme aus der Zeit des Dritten Reichs ansehe, dann scheint das alles irgendwie unwirklich zu sein. Die Welt ist schwarzweiß, die Menschen wirken steif und altbacken, diese Zeit ist schon lange vorbei. Aber ist sie das wirklich?

Mein eigener Großvater marschierte noch mit in den Reihen der Wehrmacht, aber er starb, bevor ich ihn dazu befragen konnte. Glaubte er an Hitler? Oder war er nur ein Mitläufer, der dazu gezwungen war in der breiten Masse mit zu marschieren? Was dachte er, während er in den Krieg zog, in Gefangenschaft kam, wieder nach Hause durfte? Ich weiß es nicht und ich werde es auch niemals erfahren, denn es gibt meinen Großvater schon lange nicht mehr.

Was es aber noch gibt, sind die Briefe und Schriften vieler anderer Soldaten, die mir diese Welt aus einem Blickwinkel zeigen, wie er sonst kaum noch möglich ist. Diese Briefe nehmen einzelne Schicksale aus der breiten Masse heraus und machen diese Soldaten wieder menschlich. Sie zeigen mir, dass nicht alle nur hirnlose Tötungsmaschinen waren, sondern dass es unter ihnen genauso viele liebens- wie verachtenswerte Menschen gab. Dass sie Nuancen hatten, Charaktereigenschaften und Profil. Und vor allem zeigen mir diese Briefe, dass eine Antwort auf meine Fragen nie einfach zu finden sein wird.

Es gibt an und auch in diesen Briefen nichts, was man verherrlichen könnte. Es war kein edler Kampf gegen eine erdrückende Übermacht, wie es damals propagiert wurde, es war der reine Wahn eines Mannes, der es zusammen mit seinen Vasallen schaffte, eine ganze Generation zu täuschen und in den Abgrund zu führen.

Die Antwort auf all meine Fragen ist also vielschichtig und sie ändert sich mit jedem Brief den ich lese. Aber ich denke, es ist gerade jetzt und genau deswegen besonders wichtig sie zu suchen, denn die letzten Zeitzeugen verlassen uns und die Gefahr ist groß, dass nach deren Verschwinden die Wahrheit verdreht wird. Schon jetzt werden immer wieder Stimmen laut, die „die echte Wahrheit" fordern! „Rechts" ist wieder auf dem Vormarsch, viele halten sich für so viel aufgeklärter als die Menschen damals. Der Zahn der Zeit nagt an allem und es wird immer leichter für bestimmte Gruppierungen, unbequeme Wahrheiten auszublenden und sich ihre eigene glorreiche Geschichte zu stricken.

Dagegen sollen diese Bücher wirken. Was darin steht, ist die damalige Lebensrealität so rein wie nur möglich, niemand hat daran etwas verändert und ich lasse es auch ganz bewusst unkommentiert. Denn ich glaube, dass jeder Leser seine eigenen Lehren daraus ziehen wird und ich finde das völlig in Ordnung so.

Meine ganz eigene Wahrheit ist jedoch, dass ich meinen Großvater geliebt habe. Denn was auch immer er im Krieg getan haben mag, für mich war er einfach nur „Opa". Ich vergötterte ihn, er war der beste Opa der Welt. Und man kann all diese Menschen nicht nur auf einen Zeitraum von zwölf dunklen Jahren beschränken. Sie alle liebten, lachten und vermissten genau so wie wir; davor, währenddessen und auch noch lange danach. Sie waren damals nicht anders als wir es heute sind, sie waren nicht schwarzweiß, sondern bunt und voller Leben.

Viele dieser Soldaten kehrten nach dem Krieg wieder heim und wurden später unsere Väter und Großväter. Manche erzählten von ihren Erlebnissen, andere schwiegen ein Leben lang. Und auch, wenn ich die Wahrheit über sie niemals ganz werde aufdecken können, so hoffe ich doch, dass ich wenigstens meinen Teil dazu beitragen kann sie wieder greifbar für uns zu machen.

Stefan Heikens

.